오늘 급식 뭐예요?

2학기

저자 머리말

음식에 대한 이야기로
더욱 즐거운 식사 시간이 되길 바랍니다

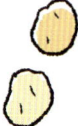

밥은 사랑이고 생명이다. 밥은 단순히 에너지를 섭취하기 위한 의미에 그치는 것이 아니라, 함께 식사하며 정담을 나누고 소통할 수 있는 최적의 매개체이기도 하다. 가족과 함께 식사를 하는 아이들이 정서적으로 안정되어 있고 지적 수준도 높다는 결과가 여러 연구를 통해 검증되고 있다. 자라나는 어린이, 청소년은 어떤 것을 어떻게 먹느냐에 따라 인성, 태도, 지능, 집중력, 근력, 저항력 등이 좌우된다.

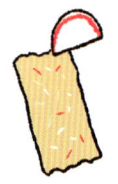

사람은 태어나서 가장 먼저 가정에서 입맛과 식사 습관을 익히고 다음은 학교·직장 등과 같은 사회 집단을 통해 입맛과 식사 습관이 정착되는데, 좋아하는 음식과 좋아하지 않는 음식이 결정되는 시기가 바로 유년시절이다. 특히 초등학생 시기는 음식을 선택하는 능력과 입맛이 뚜렷하게 형성되는 시기이므로 이때 맛에 대한 바른 이해와 건강한 입맛을 갖는 것은 매우 중요하다. 따라서 아이들의 식생활에 중요한 영향을 끼치는 부모와 학교의 역할, 학교급식을 제공하는 영양교사의 역할 또한 중요해진다.

그런 의미에서 학교급식은 올바른 식습관 형성의 첫 길목이다. 학교급식을 통해 올바른 식재료 선택과 영양 정보를 습득하고 다양한 식재료를 접하면서, 고유의 맛과 질감을 느끼고 미각이 발달한다. 또한 음식을 통해 역사, 문화, 생활을 자연스럽게 배우게 된다. 이러한 음식에 대한 관심은 지적 호기심으로 이어지고 음식에 대한 소중함도 알게 된다.

우리 선조들이 예로부터 지켜오던 식사법 중 '식사오관(食時五觀)'이 있다. '이 음식이 어디에서 왔는가. 나는 이 음식을 먹을 만한 자격이 있는가. 입의 즐거움과 배의 만족에만 치우치지 않았는가. 한 수저의 밥과 나물도 좋은 약으로 생각하며 감사하라. 네 이웃을 생각하라.' 이렇게 5가지 생각을 하며 스스로 성찰하라는 뜻이다. 어렸을 때부터 밥상머리에서 어른으로부터 식사 예절뿐만 아니라 음식을 대하는 마음자세까지 배우고 익혔던 것이다. 오늘날 시대가 변하였어도 음식의 중요성은 달라지지 않았다. 따라서 우리도 아이들에게 음식을 대하는 올바른 품성을 갖도록 지도해야 한다.

맛있는 음식은 큰 즐거움이다. 음식을 눈으로 보고 맛있는 향을 맡으며 맛을 느끼고 씹는 소리를 듣고 또 음식의 촉감을 만져보기도 하며 오감을 통해 감동을 받는다. 음식은 그 어떤 예술보다 더 많은 사람들의 오감을 더욱 폭넓게

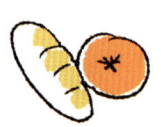

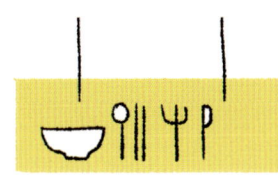          

만족시키기 때문에, 요리를 하는 사람들은 더 많은 부담과 평가를 받게 된다. 그래서 식단을 짜고 요리를 하는 사람들은 예술가나 다름없는 것이다. 음악가가 소리로, 화가가 그림으로 사람들에게 감동을 준다면, 영양사와 조리사는 식단을 구성할 때 하얀 캔버스 위에 그림을 그리는 마음으로 밥, 국, 반찬들을 넣고 그 속에 영양과 역사, 사회, 문화, 생활을 담으며 그 위에 색을 입힌다.

이번에 내게 된 책 〈오늘 급식 뭐예요?〉는 우리 학생들에게 점심 식사가 큰 즐거움, 음식에 대한 바른 품성을 기르는 시간, 다양한 문화를 접하는 기회가 되기를 바라는 마음으로 출간하게 되었다.

현재 근무하고 있는 서울상일초등학교에서 2014년 3월 2일부터 2015년 2월 12일까지 1년간 매월마다 생일 밥상, 세계음식 체험, 우리나라 향토음식 체험, 건강 채식 식단, 절기음식, 이벤트 데이에 그 취지를 되새기는 음식, 기본이 바로 된 매일 식단 등으로 다양하게 구성한 학교급식을 촬영해 구성했다. 그리고 옆에는 식사하기 전에 알아두면 좋을 음식의 유래, 역사, 문화, 생활 등 음식 관련 이야기를 함께 엮었다. 이 책을 통해 학교에서 영양 선생님들이 식단 구성의 고민을 덜고 영양교육 자료로 활용하는 데 작은 도움이 되었으면 하는 바람이다.

또 식단 짜는 업무를 전문적으로 하는 사람 외에도 매일매일 무엇을 먹을지, 어떤 밥상을 차릴지 고민하는 사람이라면 필요한 날의 식단을 참고하고 그 식단과 관련된 음식 이야기를 통해 자연스러운 밥상머리의 대화로 구성원 간 공감을 높일 수 있으리라 생각한다. 식사를 하며 자녀의 성적, 직장 문제, 가정 경제 등 민감한 주제의 이야기를 하다 보면 즐겁고 맛있어야 할 식사가 오히려 가족 간에 서로 상처를 받으며 끝나는 경우가 많다. 그러나 음식에 관련된 이야기는 더욱 맛있고 즐거운 식사 시간을 만들 수 있는 대화의 소재로 이용할 수 있다.

먼 훗날 우리 학생들이 학교급식에 대한 맛과 기억을 행복한 추억으로 떠올릴 수 있길 바라며, 꼬박 1년간 이 책을 만들기 위해 고생한 〈뉴트리앤〉 편집부와 상일초등학교 급식실 이근순, 유재숙, 임수경 조리사님들께 감사드린다. 마지막으로 사랑하는 엄마 정정현 여사께 이 책을 바친다.

2015년 7월 이 애 경

추천의 글 I

상일초 명품 급식을 통해
어려서부터 건강하고 바람직한 식습관 체득

최근 우리나라는 급속한 경제 성장과 지구촌 세계화 시대에 발맞춰 먹을거리가 다양하고 풍족해졌기 때문에, 이젠 무엇을 어떻게 먹어야 건강하고 균형 잡힌 영양 공급이 이루어지는지를 고민하는 시대가 되었다. 따라서 자라나는 어린이들을 건강하게 성장시키기 위해서 학교급식은 무엇보다 영양이 균형 잡힌 건강 식단 운영, 친환경 식자재 구입, 올바른 조리법 그리고 식생활 개선 교육이 우선되어야 한다.

우리 상일 급식은 어려운 가정환경으로 소외 받는 아동들을 위하여 생일 밥상, 다른 나라의 식문화 체험을 위한 세계음식의 날, 신토불이 우리 농산물로 차린 향토음식의 날, 육식을 선호하는 아동들에게 건강·환경을 다시 한 번 생각하게 하는 채식의 날, 매 절기마다 고유의 음식과 풍습을 배우는 절기음식의 날, 세상과 소통하는 이벤트 밥상, 올바른 먹을거리와 건전한 식습관을 형성하기 위한 기본 식단 등으로 구성하여 학생들에게 홍수처럼 밀려오는 다양한 먹을거리 중에서 가장 안전하고 건강한 먹을거리를 선택할 수 있도록 미래 세계화에 따른 다양한 식단 체험을 할 수 있는 명품 급식을 제공하게 되었다.

다가오는 미래에 우리는 조만간 건강 백세시대를 살아가게 될 것이다. 이를 위해 초등학교 시기는 건물 짓기로 보면 기초공사를 하는 시기이며, 튼튼한 건물을 짓기 위한 기초공사의 중요성은 말할 나위가 없을 것이다. 그러므로 초등학교 시기에 균형 잡힌 질 높은 영양 급식을 제공하는 것은 우리나라의 건강한 미래 인재를 양성하는 초석이 될 것이다.

양파 껍질을 벗기면 계속 새로운 속살이 나오듯이, 아동들이 매일 기대하는 그런 점심 식사가 제공되는 곳이 놀랍게도 상일초 명품 급식이다. 이 책이 발간되는 기회를 빌어 누구에게나 자랑하고 싶은 상일초 급식이 소개되니 정말 기쁘고 반가운 마음이다. 상일초 급식이 이렇게 발전하게 된 것은 학생들이 세계화 미래 사회에 잘 적응할 수 있도록 그에 대비하여 다양한 체험형 급식을 실시했기 때문이다.

우리는 지구촌 시대에 살아가고 있다. 이젠 정보통신만 가까워진 것이 아니라, 먹을거리도 가까워져서 우리 주위에 세계 여러 나라의 음식들이 범람하는 시대가 되었다. 그럴수록 우리는 건강한 식생활을 습관화하기 위해서 우리 조상의 신토불이 향토음식과 건강 채식, 그리고 세계 여러 나라의 음식 중에서도 건강을 위한 음식을 선별할 수 있는 교육을 어려서부터 학습할 필요가 있다. 올바른 식습관은 건강 백세시대를 준비하기 위한 첫걸음이다.

서울상일초등학교장 김 명 수

이애경 선생님의 〈오늘 급식 뭐예요?〉 책 발간을 진심으로 축하합니다

학교급식은 성장기 학생들에게 영양을 골고루 제공함과 더불어 심신의 건전한 발달을 도모하는 데 중요한 역할을 담당하고 있는, 대한민국의 건강한 미래를 여는 열쇠입니다. 또한 학교급식에 대한 사회적 관심과 요구가 확대되고 있는 가운데, 이애경 선생님의 끊임없는 식단 개발 연구를 담은 학교급식 메뉴 관련 책 출간은 상당히 고무적인 일이라고 할 수 있습니다.

이애경 선생님의 26년간의 급식 업무에 대한 애정과 노력이 전부 담겼다고는 할 수 없겠지만, 그동안의 수많은 경험과 노하우가 담겨진 〈오늘 급식 뭐예요?〉는 학교급식 향상에 실질적인 도움을 주는 길라잡이가 될 것이라는 생각이 듭니다.

학교급식 식단이 건강밥상으로 발전할 수 있기를 바라는 영양 선생님들과, 우리 아이의 심신이 건강하게 자랄 수 있기를 소망하시는 학부모님들께 이 책은 좋은 영양 지침서가 되리라 봅니다.

풍부한 학교 현장의 경험을 바탕으로 제작된 이 한 권의 책을 통해 많은 영양 선생님의 발전과 함께 학교급식의 만족도가 향상되기를 바랍니다.

다시 한 번 이애경 선생님의 노력이 한 권의 책으로 결실을 맺어 세상에 발을 내딛게 된 것을 진심으로 축하합니다.

전국학교영양교사회장 김 진 숙

Interview

1년 치 학교급식 식단을 담은 책 〈오늘 급식 뭐예요?〉 펴낸 이애경 영양교사

"매일 반복되는 식단에 대한 고민과 재미있는 음식 이야기를 함께 나눠요!"

급식 식단을 구성하는 일은 영양 선생님의 가장 기본적인 업무이자 가장 고민 많은 업무 중 하나다.
고른 영양소와 적절한 칼로리 계산 등 하루 치 식단을 짜더라도 신경 써야 할 게 이만저만 아니다.
이런 영양 선생님의 고민을 조금이나마 덜어주고자 서울상일초등학교 이애경 영양교사가
학교급식 1년 식단을 그대로 담은 책을 펴냈다.

글 황태희 | 사진 조민정

서울 강동구에 위치한 상일초등학교의 급식은 푸짐하고 다양한 식단 구성으로 유명하다. 여기에는 이애경 영양교사의 끊임없는 고민과 공부 그리고 노력이 숨어 있다. 1년 치 식단 중 겹치는 메뉴가 거의 없는 것은 물론이고, 그때그때의 제철 식재료를 빠짐없이 활용하는 게 상일초등학교 급식의 특징이다. 이애경 선생님의 이러한 노하우를 담은 책이 나왔다. 아이들이 매일 그리고 제일 궁금해하는 질문 〈오늘 급식 뭐예요?〉라는 제목의 책이다.

이 책에는 2014년 3월 2일부터 2015년 2월 12일까지 상일초등학교에서 1년 동안 낸 급식 식단이 고스란히 담겨 있다. 학생들의 자존감을 높여주는 즐거운 '생일밥상'부터 우리의 것을 알고 기억하기 위한 '절기음식의 날'과 '향토음식의 날', 세계적인 인재로 발돋움하기 위한 '세계 음식의 날', 한 달에 한 번 환경과 건강을 생각해보는 '채식의 날'까지 특별한 식단이 수두룩한 데다 그 외의 날들 또한 하루도 허투루 구성한 식단이 없다. 여기에 이애경 선생님이 식단 구성을 위해 직접 공부하며 모은 자료를 바탕으로 쓴 재미있는 음식 관련 인문학 정보까지 담아 밥상을 앞에 두고 나눌 이야깃거리가 풍성하다.

표준 식단 구성부터 알아두면 든든한 정보까지

"영양사 업무를 시작하고 나서 생긴 한 가지 바람이 표준 식단이 있었으면 하는 것이었습니다. 모든 계절을 적용한 표준 식단을 구성해서 운영하고 싶은 마음이 있었는데, 쉽지 않더라고요. 표준 식단이란 우선 제철 식재료를 최대한 활용하고, 5대 영양소를 골고루 함유하며, 조리법도 다양하게 활용할 뿐만 아니라 색감이 살아 있는 식단을 말하죠. 그런데 다음 달 식단 짜기에 급급하다 보면 이 모든 조건을 충족하기가 어렵죠. 그래서 이번 책을 준비하며 표준 식단을 만들어보기로 결정을 하고, 학기가 시작되기 전인 2월에 미리 1년 식단표를 구성했습니다. 각 달에는 절기음식, 향토음식, 세계음식 등을 고르게 넣고 제철 식재료를 빠지지 않고 활용할 수 있도록 미리 뼈대를 세우는 작업을 했어요. 그리고 나서 나머지 식단은 그달이 시작하기 전달에 세부적으로 구성해서 한 달 식단표를 완성했죠.

각 식단은 가공식품 사용을 최대한 줄이고, 제철 식재료를 최대한 활용하는 메뉴로 구성했습니다. 또 조리 방법이나 요리에 사용하는 양념 등은 최소한으로 해서 학생들이 식재료 고유의 맛을 즐길 수 있도록 신경 썼습니다. 사실 일

반 초등학교에서 생채소 샐러드 등은 학생들이 선호하는 메뉴가 아니죠. 그럼에도 불구하고 우리 학교 학생들은 채소 샐러드도 거부감 없이 잘 먹는답니다. 그리고 이러한 식단 구성은 곧 미각 교육으로 이어지기 때문에 학생들이 자연스럽게 모든 메뉴를 골고루 잘 먹게 되는 것 같더라고요."

이어 이애경 선생님은 균형 잡힌 식단 구성도 중요하지만 전문직 업무인 만큼 영양 선생님이 전문 지식을 갖추는 것도 중요하다고 강조했다.

"평소 급식 일을 하면서 영양 전문가인데도 불구하고 전문 지식이 부족하다는 생각이 들더라고요. 그래서 2009년부터 본격적으로 전문 서적을 찾아 읽기 시작했어요. 조금 과장해서 말하면 '식(食)' 자가 들어간 책은 한 번씩 다 들춰본 것 같아요(웃음). 그리고 책을 읽으면서 반성도 많이 했어요. '내가 이런 것도 모르고 영양사 일을 하고 있었다니.' 그러면서 필요한 정보를 노트에 옮겨 적기 시작했는데, 어느 날 보니까 그렇게 정리한 내용이 꽤 많더라고요. 이렇게 모은 정보를 다른 영양 선생님들과 함께 나누면 어떨까 하는 생각이 들었고, 표준 식단과 함께 책을 구성하면 좋을 것 같아서 같이 실었습니다."

철저한 자료 조사를 바탕으로 한 식단 구성

상일초등학교 식단을 자세히 살펴보면 절기음식의 날, 세계음식의 날, 생일 밥상의 날, 채식의 날 등 다양한 주제로 구성한 식단이 굉장히 많다. 한 달에 기본적으로 6개 정도의 특별 식단이 있는데 메뉴도 예사롭지 않다.

"식단을 위해 도서관에서 조리책을 굉장히 많이 봐요. 또 요즘에는 인터넷의 요리 카페나 사이트 등에서 여러 가지 정보를 얻고 있어요. 단순히 식단을 구성하고 끝나는 것이 아니라 조리 방법까지 세심하게 챙겨야 하거든요. 그래서 식단 하나를 짜는 데도 굉장히 많은 시간이 걸려요. 특히 세계음식의 날 식단의 경우는 한 번 식단을 짤 때마다 2주 정도 걸려요. 예를 들어 이번 달에 멕시코 음식의 날을 준비하려고 하면 멕시코 대표 음식이 무엇인지, 해당 메뉴에 얽힌

문화와 역사 등에 대한 정보를 조사하고 각 메뉴를 급식에 적용할 수 있도록 레시피를 수정하기까지 결코 쉽지 않은 과정이에요. 하지만 급식이 곧 교육이라고 생각하면 어느 것 하나 소홀히 할 수 없어요. 점점 잊혀가는 우리 전통음식도 마찬가지죠. 절기음식과 향토음식 등을 통해 학생들이 우리 것에 대해 생각하고 기억할 수 있도록 하는 것이죠. 그리고 이런 특별한 테마가 있는 날은 메신저로 담임선생님께 학생을 교육할 수 있는 내용도 함께 전달해드려요. 저희 학교는 교실에서 급식이 이루어져 담임선생님의 역할도 중요해요."

이렇듯 다양한 테마를 정하고, 이에 맞는 식단을 구성하는 게 결코 쉬운 일은 아니다. 그럼에도 불구하고 이애경 선생님이 이를 놓지 못하는 것은 급식을 통해 세계를 배워나가는 학생들이 있기 때문이라고.

"하루는 한 학부모님이 학교에 오셔서 이야기하길 '우리 아이가 학교에서 세계음식의 날 급식을 먹었다며 집에 와서 그 나라 책을 찾아달라고 했다'는 거예요. 그 나라에 대해 더 알고 싶다면서 말이죠. 식단에 자기가 좋아하지 않는 메뉴가 나오더라도 세계 음식의 날은 계속했으면 좋겠다는 말도 했다고 하더라고요. 그 이야기를 들으니까 식단을 준비하느라 힘들었던 시간을 싹 보상받는 기분이 들었어요. 그래서 더 열심히 자료 조사를 하고 식단을 준비하게 됐죠."

조리실무사와의 단합도 맛있는 급식의 비결

사실 급식은 영양 선생님 한 사람만 잘해서 되는 것은 아니다. 급식 전반을 지휘하는 영양 선생님과 직접 조리를 담당하는 조리실무사들의 일명 '궁합'이 맞아야 더욱 맛있는 급식이 완성되는 법. 특히 매번 새로운 메뉴를 선보이는 상일초등학교 같은 경우에는 조리실무사와의 원만한 관계가 더욱 중요할 것이다.

"저는 조리실무사분들이 최대한 즐겁게 일할 수 있는 여건을 만들어주고자 노력하고 있어요. 가끔 밖에서 재미있는 이야기를 들으면 기억해두었다가 학교에 와서 조회 시간에 꼭 해드리고, 매일 급식을 시작하기 전에는 조리실무사들과 파이팅 구호를 함께 외치죠. 2013년에는 '학짜짜(학생이 짜다면 짜다)'를, 2014년에는 '눈으로 먹는 급식!'을 외쳤죠. 그리고 2015년에는 '집밥 급식'을 외친 후 업무를 시작하는데, 짧은 구호지만 그러고 나서 업무를 시작하면 일이 더욱 즐거워진답니다. 그리고 2016년에는 '찾아가는 급식'을 계획하고 있다.

그리고 어떤 일을 결정할 때 항상 조리실무사의 의견을 적극 반영해요. 예를 들어 식단을 짤 때도 혼자서 다 정하

는 게 아니라 조금 고민되는 부분이 있으면 조리실무사에게 '이 부분에 어떤 메뉴를 넣어야 할지 같이 생각해주세요'라고 말해요. 이렇게 함께 의견을 공유하면 조리실무사분들이 훨씬 책임감을 갖고 일에 임하더라고요. 급식의 질과 맛도 훨씬 좋아지고요. 대신 영양 선생님이 확실히 판단을 하고 결정을 내려야 할 때는 그렇게 할 수 있는 카리스마도 갖추고 있어야 급식을 좀더 효율적으로 운영할 수 있습니다. 참, 이를 위해서는 영양 선생님이 많이 아는 것도 중요하죠."

식탁에 즐거운 이야깃거리를 전해줄 〈오늘 급식 뭐예요?〉

"〈오늘 급식 뭐예요?〉는 사실 학교급식 외에도 가정에서 부모님과 아이들이 식탁에 둘러앉아 좀 더 즐거운 이야기를 나누며 식사를 했으면 하는 바람을 담은 책이에요. 가족끼리 식탁에 둘러앉아 '시험은 잘 봤니?' 등의 이야기를 나누기보다 '엄마가 오늘 알았는데 이 요리에는 이런 이야기가 있대'라는 대화를 하면 더욱 화기애애한 식사 시간이 되지 않을까요? 이것이 곧 밥상머리 교육과도 이어지는 것이라고 생각해요.

〈오늘 급식 뭐예요?〉는 식단과 관련한 다양한 식재료와 음식 등에 대한 재미있는 이야기를 많이 담았기 때문에 책 속 내용을 바탕으로 가정에서는 식사 시간을 즐겁게 풀어나갈 수 있고, 학교에서는 급식 시간에 영양교육 자료로 활용하면 좋을 것 같습니다.

또 매해 그리고 매달 더욱 건강하고 맛있는 급식을 제공하기 위해 식단 고민에 여념이 없는 우리 영양 선생님들도 이 책을 통해 조금이나마 도움을 받았으면 하는 바람입니다."

인터뷰를 진행하고 며칠 후 이애경 선생님으로부터 교육부에서 주최하는 '학교급식 현장 모범사례 공모전'에서 입상 했다는 낭보를 전해 들었다. 이번 입상이 학교급식에 대한 이애경 선생님의 노력과 열정이 인정을 받은 것 같아 〈뉴트리앤〉도 진심으로 축하 인사를 전했다.

교육부 '학교급식 현장 모범사례 공모전' 우수상 수상한
서울상일초등학교 급식의 특징

본 책에 실린 서울상일초등학교의 매월 급식 식단은 7가지 테마를 바탕으로 한 영양 식단으로, 일명 '레인보우 식단'이다.

레인보우 식단은 생일 밥상, 세계음식 체험, 향토음식 체험, 건강 채식 체험, 절기음식 체험, 창의적 식단 체험, 일반 건강 식단으로 구성되어 있다.

매월 첫날에 운영하는 '생일 밥상(3월 둘째 주 월요일 운영)'은 학교에서 다양한 생일상을 차려 함께 축하해줌으로써 학생들의 자존감을 세워준다. 그리고 세계화 시대에 발맞춰 다른 나라의 음식을 체험하고, 올바른 식문화를 익힐 수 있도록 마련한 '세계음식의 날'은 인도 음식, 멕시코 음식 등 1년 동안 총 10개국의 세계음식을 구성해 매월 둘째 주 수요일에 제공했다. 또 우리나라의 전통적인 신토불이 먹을거리를 이해하고 향토음식의 소중함과 조상의 지혜를 배울 수 있는 '향토음식의 날'을 매월 셋째 주 수요일에 운영했다. 매월 넷째 주 금요일에는 '건강 채식 식단'을 통해 육식을 선호하는 학생들에게 균형 잡힌 영양 섭취의 필요성을 체험할 수 있도록 했다. 이외에도 매 절기에는 '절기음식의 날'을 운영해 오랜 시간 전해 내려온 우리 조상들의 절기음식을 직접 체험하고 맛볼 수 있도록 구성했고, 김치데이, 숟가락 젓가락 데이 등 특별한 의미를 부여한 날에는 세상과 소통할 수 있는 '창의적 식단'을, 그리고 마지막으로 영양 균형을 맞춘 건강한 '일반 식단'으로 1년 192일 식단을 알차게 꽉 채웠다.

그 결과 서울상일초등학교의 레인보우식단은 2015년 5월 교육부가 전국의 초·중·고 학교급식과 관련해 안전하고 질 놓은 급식 제공 및 수요자 만족도 제고를 위해 주최한 '학교급식 현장 모범사례 공모전'에서 우수상을 수상했다.

〈오늘 급식 뭐예요?〉에 실린 레인보우 식단 미리 보기

레인보우	시기	급식 테마	관련 사진	추진 배경
빨	매월 첫날	생일상 차리기		어려운 환경의 학생들이 대다수이므로 생일상을 못 받는 아동들이 많다. 학교에서 매월 초 다양한 생일상을 차려서 축하해주면서 자존감을 세워준다.
주	둘째 주 수요일	세계음식 체험		세계화 시대에 발맞춰 다양한 다른 나라의 음식을 체험하여 글로벌한 식문화를 배우고 익힌다.
노	셋째 주 수요일	향토음식 체험		신토불이 우리 농산물로 가공한 우리 향토의 먹을거리를 배우고 소중함을 인식한다.
초	넷째 주 금요일	건강 채식 체험		육식만 선호하는 아동들에게 채식의 소중함을 인식하고 올바른 식습관을 기른다.
파	매 절기	절기음식 체험		매 절기마다 고유의 풍습을 배우고, 조상들의 소중한 절기음식을 체험한다.
남	세상과 소통하는 식단	창의적 식단 체험		재미있고 즐겁게 먹는 급식을 통해 세상과 소통한다.
보	베이직	일반 건강 식단		평소에 기초대사량에 따른 올바른 영양 공급 식단을 제공한다.

CONTENTS

SEPTEMBER · 016

- **1일** 생일 이름 · 018
- **2일** 순대 · 020
- **3일** 토마토 · 022
- **4일** 북경오리구이 · 024
- **5일** 추석 · 026
- **11일** 숟가락젓가락데이 · 028
- **12일** 감자 · 030
- **15일** 두부 · 032
- **16일** 부침개 · 034
- **17일** 태국 음식 · 036
- **18일** 해파리 · 038
- **19일** 당근 · 040
- **22일** 음식디미방 · 042
- **23일** 아스파라거스 · 044
- **24일** 황해도 음식 · 046
- **25일** 무화과 · 048
- **26일** 사찰음식 · 050
- **29일** 개성무찜 · 052
- **30일** 간장 · 054

OCTOBER · 056

- **1일** 중국 장수면 · 058
- **6일** 중양절 · 060
- **7일** 석류 · 062
- **8일** 이탈리아 음식 · 064
- **13일** 쑥부쟁이 · 066
- **14일** 푸드 마일리지 · 068
- **15일** 전라도 음식 · 070
- **16일** GMO 식품 · 072
- **17일** 감 · 074
- **20일** 장수 마을 · 076
- **21일** 마파두부 · 078
- **22일** 독도의 날 · 080
- **23일** 한식의 날 · 082
- **24일** 사과데이 · 084
- **27일** 갈비 · 086
- **28일** 고추 · 088
- **29일** 대하 · 090
- **30일** 갈치 · 092
- **31일** 콩고기, 해초 · 094

NOVEMBER · 096

- **3일** 각국 생일 풍습 · 098
- **4일** 10대 밥상 · 100
- **5일** 낙지 · 102
- **6일** 콩나물 · 104
- **7일** 탕평채 · 106
- **10일** 김 · 108
- **11일** 가래떡데이 · 110
- **12일** 터키 음식 · 112
- **13일** 엿 · 114
- **14일** 메밀빙떡 · 116
- **17일** 팽조지성 · 118
- **18일** 더덕정승 · 120
- **19일** 경상도 음식 · 122
- **20일** 우유, 두유 · 124
- **21일** 김치데이 · 126
- **24일** 고등어 · 128
- **25일** 강화순무 · 130
- **26일** 김치 · 132
- **27일** 유채 · 134
- **28일** 비건 베이킹 · 136

DECEMBER · 138

- **1일** 크리스마스 · 140
- **2일** 굴비 · 142
- **3일** 올리브 · 144
- **4일** 숙주나물 · 146
- **5일** 5대 건강식품 · 148
- **8일** 달걀 · 150
- **9일** 겨자, 갓 · 152
- **10일** 일본 음식 · 154
- **11일** 매생이, 클로렐라 · 156
- **12일** 연포탕 · 158
- **15일** 양미리 · 160
- **16일** 명태 · 162
- **17일** 제주도 음식 · 164
- **18일** 구제역, AI · 166
- **19일** 마크로비오틱 · 168
- **22일** 동지 팥죽 · 170
- **23일** 과메기 · 172
- **24일** 딸기 · 174

• 12월 25일 ~ 1월 25일 겨울방학

JANUARY·FEBRUARY · 176

- **26일** 설날 · 178
- **27일** 차례상 · 180
- **28일** 대구 · 182
- **29일** 굴 · 184
- **30일** 중국 요리 이름 · 186
- **(2월) 2일** 생일 축하 노래 · 188
- **(2월) 3일** 도루묵 · 190
- **(2월) 4일** 프랑스 음식 · 192
- **(2월) 5일** 귤의 진화 · 194
- **(2월) 6일** 도라지 · 196
- **(2월) 9일** 아귀 · 198
- **(2월) 10일** 정월대보름 · 200
- **(2월) 11일** 서울 음식 · 202
- **(2월) 12일** 책거리 · 204

• 2월 13일 ~ 3월 1일 봄방학

월요일	화요일	수요일	목요일	금요일
1 (생일 밥상) 쌀밥 전복미역국 치킨브레스트조림 오이잡채 연근전 배추김치 자두 생일 케이크 701.7 Kcal / 생일 이름	**2** 차수수밥 들깨순댓국 북어포간장조림 파인애플샐러드 감자호박채볶음 석박지 복숭아 635.8 Kcal / 순대	**3** 오므라이스 팽이버섯국 오징어링튀김 오이피클 카프레제샐러드 배추김치 요플레 672.3 Kcal / 토마토	**4** 발아현미밥 매운 어묵배춧국 깻잎상추샐러드 훈제오리볶음 가래떡간장조림 갓김치 포도 630.2 Kcal / 북경오리구이	**5 (절기음식)** 쌀밥 토란탕 도라지/고사리/시금치나물 쇠고기산적 해물동그랑전 배추김치 생밤/생대추 송편 645.4 Kcal / 추석
8 (추석)	**9**	**10 (대체공휴일)**	**11 (이벤트 밥상)** 혼합곡밥 부대찌개 도라지사과무침 알파벳어묵볶음 고추잎김치 해물샐러드 배 622.3 Kcal / 숟가락젓가락데이	**12** 찰옥수수밥 양송이스프 쥐포양념무침 파인애플함박스테이크 감자어린잎샐러드 배추김치 매실주스 756.1 Kcal / 감자
15 기장밥 쇠고기양배춧국 두부톳무침 만두탕수 삼잎국화나물볶음 배추김치 사과 633.4 Kcal / 두부	**16** 잡곡밥 시금치된장국 단호박갈치조림 콩나물무침 깻잎어묵전 총각김치 복숭아 618.6 Kcal / 부침개	**17 (세계음식의 날)** 카오팟(태국볶음밥) 똠얌꿍(태국스프) 팟타이(태국볶음면) 까이양(태국닭구이) 팍붕파이뎅(미나리된장무침) 쏨땀(태국샐러드) 망고 713.5 Kcal / 태국 음식	**18** 발아현미밥 오징어두부찌개 훈제삼겹살구이 비름나물 해파리샐러드 보쌈김치 거봉 628.2 Kcal / 해파리	**19** 차수수밥 콩비지백탕 소라무침 달걀김말이 고구마당근조림 열무김치 참다래 628.8 Kcal / 당근
22 통밀밥 쇠고기된장찌개 임연수어양념구이 토란대볶음 냉우동샐러드 배추김치 멜론 627.2 Kcal / 음식디미방	**23** 흑미밥 골뱅이찌개 두부멸치조림 베이컨아스파라거스볶음 들깨열무침 깻잎김치 대추토마토 629.4 Kcal / 아스파라거스	**24 (향토음식의 날)** 차조밥 호박김치찌개 황해도식청포묵무침 조개젓무침 고기전 동치미 오쟁이떡 배 644.5 Kcal / 황해도 음식	**25** 클로렐라밥 육개장 양송이볶음 연어생선가스 영양부추샐러드 석박지 무화과 638.7 Kcal / 무화과	**26 (채식 식단)** 검정콩밥 들깨버섯수제비 다시마채조림 호박잎/양배추쌈 된장쌈장 콩불고기 배추겉절이 찐고구마 645.1 Kcal / 사찰음식
29 홍버섯쌀밥 열무된장국 개성무찜 실치볶음 감자비트전 배추김치 참다래 630.6 Kcal / 개성무찜	**30** 보리밥 해물된장찌개 파송송닭튀김 매운가지볶음 오이소박이 양배추사과샐러드 포도 631.2 Kcal / 간장			

SEPTEMBER

선선한 바람이 불어오기 시작하는 9월.
2학기 급식이 시작되는 달이기도 합니다.
어떤 메뉴로 학생들의 점심시간을 즐겁게 만들어줄까요?

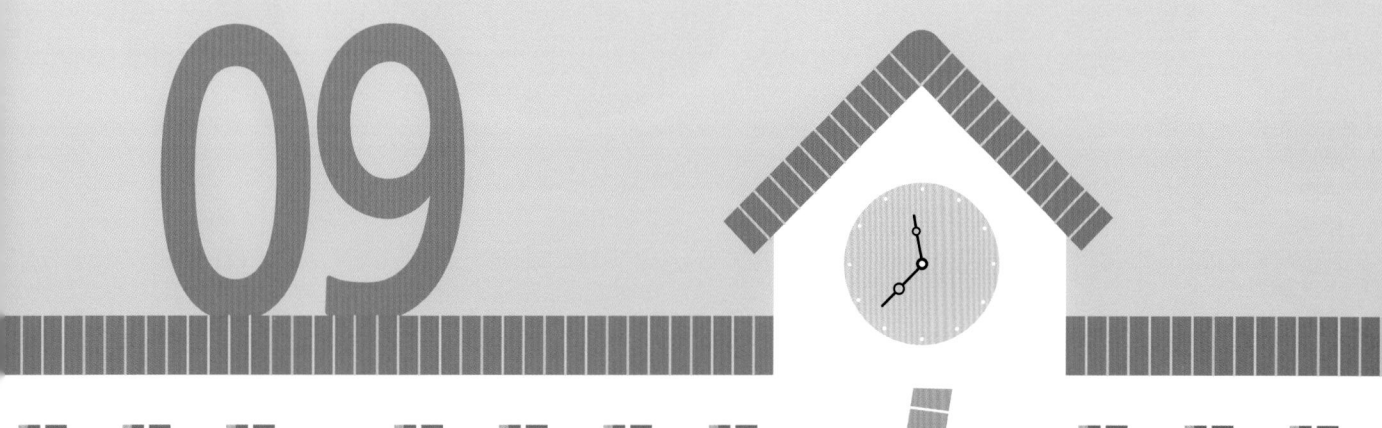

09 01 Mon

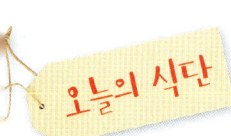
오늘의 식단

701.7 Kcal

쌀밥

전복미역국

치킨브레스트조림

오이잡채

연근전

배추김치

자두

생일 케이크

Today's Recipe

전복미역국
쫄깃쫄깃한 전복이 듬뿍

재료
건미역 1.5g, 전복 10g, 참기름 1.5g, 국간장 2g, 청주 1g, 맛술 1g, 물 180g

만드는 법
1. 건미역은 물에 담가 불려 씻은 후 2cm 길이로 썬다.
2. 전복은 껍질을 분리하고 깨끗이 씻어 잘게 썬다.
3. 국솥에 참기름 두르고 1과 2를 넣고 볶는다.
4. 미역이 파랗게 익으면 물을 넣는다.
5. 4에 청주와 맛술을 넣고 끓이다 국간장으로 간을 맞춘다.

장수를 축하하는 어르신 생일 이름

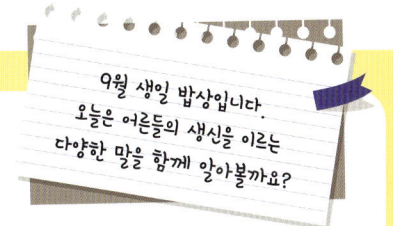

9월 생일 밥상입니다.
오늘은 어른들의 생신을 이르는
다양한 말을 함께 알아볼까요?

생일을 맞은 웃어른의 경우는 생일을 생신(生辰)으로 높여 부른다. 옛날에는 평균 수명이 짧아 60세만 넘어도 장수했다고 하여 61세(만 60세)가 되는 생일에는 환갑잔치를 크게 열어 생일을 축하했다(참고로 60세는 육순, 61세는 환갑, 62세는 진갑이라고 한다).

천간(天干)과 지지(地支)를 조합하면 60갑자(甲子)가 되는데, 환갑(還甲)이란 태어난 간지(干支)의 해가 다시 돌아왔다는 뜻이다. 다른 말로 회갑(回甲)·화갑(華甲/花甲)·주갑(周甲)이라고도 하며, 생일잔치를 뜻하는 수연(壽宴/壽筵)은 환갑잔치를 이르는 경우가 많다.

옛날에는 환갑을 앞두고 수연시(壽宴詩)의 운자(韻字)를 친척이나 친지에게 미리 알려 시를 짓게 하고 잔칫날 그 시를 발표하면서 흥을 돋우었으며, 환갑상에 놓은 밤·대추를 얻어다가 자손들에게 먹이면서 장수하기를 빌었다. 그러나 평균 수명이 길어진 오늘날에는 환갑의 의미가 거의 사라졌다. 오히려 "인생은 환갑부터"라며 제2의 인생이 시작되는 시점으로 생각하는 경향이 강하다.

70세 생신은 칠순 또는 고희(古稀)라고 한다. 이는 중국 당나라 시인 두보의 '곡강시'에 나오는 "인생칠십고래희(人生七十古來稀)"에서 유래한 말이다. 예로부터 사람이 70세를 넘기기 드문 일이라는 뜻으로 이 날에는 고희연(古稀宴)을 열어 장수를 축하했다. 이 밖에 특별한 생일을 일컫는 말로 미수(美壽, 66세)·희수(喜壽, 77세)·미수(米壽, 88세)·백수(白壽, 99세) 등이 있다.

09 02 Tue

635.8 Kcal

오늘의 식단

차수수밥

들깨순댓국

북어포간장조림

파인애플샐러드

감자호박채볶음

석박지

복숭아

오늘의 급식 이야기

고소하고 든든한 국민간식 순대

순대는 국민간식으로 손색이 없다. 출출할 때 요기하기에 좋고, 각종 재료와 함께 요리를 만들어 먹어도 좋다. 떡볶이 국물에 콕 찍어 먹어도 좋고, 채소와 함께 매콤하게 볶아 먹어도 맛있다. 특히 돼지 뼈를 넣고 푹 고은 육수에 말아낸 순댓국밥은 언제 먹어도 부담 없고 든든한 음식이다.

이렇게 우리에게 친근한 순대는 언제부터 먹기 시작했을까. 순대의 사전적 의미는 돼지 창자에 여러 가지 재료와 양념을 넣은 후 끝을 묶어 삶거나 찐 음식이다. 순대의 유래는 정확하게 알 수 없지만 몽골의 칭기즈칸 시대에 기마군단의 기동력을 높이기 위해 돼지 창자에 쌀과 채소를 섞어 넣어 말리거나 냉동해서 가지고 다니기 편리하게 만든 전투식량에서 비롯한 음식이라고 알려져 있다.

우리나라에서는 함경도, 평안도 등 비교적 추운 북쪽 지역에서 순대를 즐겨 먹었다. 북쪽 지방의 순대는 당면이 많이 들어가는 평안도순대, 찹쌀 대신 돼지고기를 많이 넣는 개성순대, 돼지 대창 속에 고기와 허파, 배추, 파, 좁쌀, 멥쌀 등을 섞어 넣은 아바이순대 등이 있다. 특히 아바이순대의 '아바이'는 아버지란 뜻의 함경도 사투리이며 돼지의 대창(큰창자)으로 만든 아바이순대는 돼지 한 마리를 잡았을 때 50cm에서 1m 정도 밖에 나오지 않아 양이 많은 소창(작은창자)으로 만든 순대에 비해 귀한 음식이어서 아버지에게만 대접했다고 하여 붙여진 이름이다.

강원도에서는 돼지 대창 대신 바다에서 많이 잡히는 오징어나 명태를 이용해 순대를 만들어 먹었다. 오징어나 명태 속에 고기, 채소, 두부 등을 넣고 꿰맨 후 밖에 매달아 얼려두었다가 두고두고 손님 접대용으로 사용했다.

순대는 돼지의 부산물을 이용해 만든 것으로 서민 음식이다 보니, 전국 각 지역에서 그 지역 풍토와 생산되는 재료에 맞춰 순대를 만들어 먹었다. 남쪽 지방에서는 고기가 많이 들어간 경기도 용인의 백암순대, 돼지 피를 많이 넣어 고소한 맛이 나는 충남 천안의 병천순대, 돼지 막창을 사용해 씹는 맛이 일품인 전라도의 암뽕순대가 유명하다.

제주도에서도 순대를 만들어 먹었는데 '수애'라고 부르는 제주도순대는 메밀이나 보리를 가루 내고 돼지피를 섞어 순대 속을 채웠다. 채소가 조금 들어갈 뿐 재료가 단순하고 기름기가 적어 목이 메일정도로 퍽퍽한 제주도순대는 초간장에 찍어 먹는다.

들깨순댓국
구수하고 진한 국물이 일품

재료
순대(썬 것) 35g, 쇠고기 양지 20g, 양파 5g, 다시마 2g, 새우젓 1g, 소금 0.4g, 부추 1g, 파 1g, 마늘 1g, 청주 2g, 들깨 가루 2g, 후춧가루 0.01g

만드는 법
1 국솥에 물을 붓고 양파와 다시마를 넣고 끓인다.
2 1이 적당히 끓었으면 양파와 다시마를 건져내고 쇠고기를 넣고 끓인다.
3 부추와 파는 깨끗이 씻어 2cm 길이로 썬다.
4 순대는 예열(스팀 120℃ 15분)한 오븐에 넣고 조리(스팀 90℃ 10분)한다.
5 2에 소금과 새우젓을 넣어 간을 맞추고 순대, 부추, 파를 넣고 한소끔 끓인다
6 5에 마늘, 청주, 맛술, 후춧가루, 들깨 가루를 넣고 2분 정도 끓인다.

09 03 Wed

672.3 Kcal

오늘의 식단

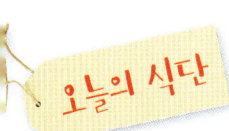
오므라이스

팽이버섯국

오징어링튀김

오이피클

카프레제샐러드

배추김치

요플레

오늘의 급식 이야기

영양 듬뿍 슈퍼푸드 토마토

토마토는 세계 10대 슈퍼푸드로 손꼽힌다. 항산화 기능은 물론 피로 해소에도 아주 탁월한 효능을 보여 '토마토가 빨개지면 의사 얼굴은 파래진다'는 서양 속담이 전해질 정도다. 지금은 슈퍼푸드라며 모두가 토마토의 효능을 인정하지만 처음에는 그렇지 않았다. 토마토를 먹으면 큰일난다며 독초로 취급 받던 암흑과도 같은 시기가 있었던 것. 심지어 토마토를 먹으면 급사한다고 해서 1820년 뉴욕에서는 토마토 식용을 금지하기까지 했다. 이후 로버트 존슨이라는 사람이 재판소에서 토마토가 해로운 식품이 아님을 증명한 이후 사람들은 조금씩 토마토에 대한 편견을 버리기 시작했다.

토마토 하면 항산화 효능을 빼놓을 수 없다. 미국 하버드 대학교에서 성인 남자 4만7000명을 6년간 추적 조사한 결과, 토마토 요리를 주 10회 이상 먹는 사람은 그렇지 않은 사람에 비해 전립선암에 걸릴 확률이 45%나 낮았다고 한다. 이탈리아에서는 일주일에 7회 이상 토마토를 먹는 사람이 거의 먹지 않는 사람에 비해 암 발병률이 50% 이상 낮다는 연구 결과도 있었다. 이는 토마토에 들어 있는 라이코펜이 항산화 작용을 하기 때문.

토마토는 신선하게 먹어도 좋지만, 기름에 볶아서 익혀 먹으면 더 좋다. 토마토에 들어 있는 지용성 비타민과 라이코펜이 기름에 잘 흡수되며 열에 강해 쉽게 분해되지 않기 때문에, 항산화 성분 등 영양분을 더 많이 얻을 수 있고 체내 흡수가 잘 된다. 또한 토마토는 혈관을 튼튼하게 하고 정력을 좋게 하여 영국에서는 토마토를 '러브애플'이라고 부른다. 토마토에 함유된 루틴 성분이 모세혈관을 튼튼히 해주기 때문으로, 고혈압 환자가 매일 토마토를 한두 개씩 먹으면 뇌졸중을 예방할 수 있다. 그뿐만 아니라 토마토 속의 칼륨은 체내 염분을 배출시켜 고혈압 예방에 도움을 준다.

Today's Recipe

카프레제샐러드
이탈리아 카프리 섬에서 **즐기던 맛**

재료
토마토 30g, 모차렐라 치즈 3g, 파슬리 0.3g
소스 : 올리브유 1g, 발사믹식초 0.5g, 레몬즙 1g, 허브소금 0.1g

만드는 법
1 토마토는 소독해 세척한 후 세로로 8등분한다.
2 치즈는 사방 1.5 x 1.5 x 0.5cm 크기로 자른다.
3 파슬리는 소독해 세척한 후 다진다.
4 분량의 재료를 섞어 소스를 만든다.
5 1에 치즈, 다진 파슬리, 소스를 고루 뿌린다.

여기서 잠깐! 토마토는 과일일까 채소일까?

19세기 말 미국은 수입 채소로부터 자국 농민을 보호하기 위해 수입 채소에 10% 관세를 부과했다. 반면 과일은 면세 품목에 속했다. 그래서 미국의 토마토 수입상들은 관세를 내지 않기 위해 토마토를 과일이라고 주장했고, 뉴욕항 세관은 토마토를 채소로 분류해 관세를 매겼다. 이 사건으로 토마토는 재판소까지 가게 되었다. 결과는? 미국 연방대법원은 토마토가 달지 않으니 채소라는 판결로 관세의 영향력을 보여주었다.

일반적으로 과일과 채소를 구분 짓는 방법 중 하나는 식사를 할 때 요리 재료로 사용하면 채소, 식사를 끝낸 후 후식으로 먹으면 과일로 나누는 것이다. 외국에서는 토마토를 그냥 먹기 보다는 요리에 이용하거나 소스로 만들어 먹는 편. 그래서 식물학적 견지에서 보면 토마토는 덩굴식물의 열매이므로 과일이지만, 식사의 중요한 일부이므로 채소로 분류하고 있다. 참고로 우리나라 농촌진흥청은 과채류(당분이 적은 채소)로 분류한다.

09 04 Thu

훈제오리고기볶음
불포화지방산 풍부한 매력만점 보양식

재료
오리훈제슬라이스 50g, 양파 10g, 파 1g
양념 : 고추장 6g, 다진 마늘 1g, 참기름 1g, 매실청 0.5g, 허브소금 0.03g, 청주 1g

만드는 법
1 오리훈제슬라이스는 예열(220℃ 15분)한 오븐에 넣고 구워(180℃ 10분) 기름을 뺀다.
2 양파와 파는 먹기 좋은 크기로 썬다.
3 분량의 재료를 섞어 양념장을 만든다.
4 볶음팬에 1과 2를 넣고 양념장을 고루 섞어 볶는다.

630.2 Kcal

오늘의 식단

발아현미밥

매운 어묵배춧국

깻잎상추샐러드

훈제오리볶음

가래떡간장조림

갓김치

포도

오늘의 급식 이야기
세계의 미식가들이 사랑한 북경오리구이

오리고기는 예로부터 다양한 방법으로 요리해 먹었다. 그중 가장 유명한 것이 바로 북경오리구이다. 중국을 대표하는 음식으로 알려진 북경오리구이는 오리의 뼈와 내장을 제거하고, 약초를 넣어 훈제해 만든 음식이다. 잘 훈제된 오리를 먹기 좋은 크기로 얇게 썰어 채소와 함께 밀전병에 싸서 먹는다. 기름기가 빠져나간 껍질은 튀긴 것처럼 바삭하며, 육즙을 머금은 오리고기는 촉촉하고 부드러워 가히 천하일미라 해도 손색이 없다.

중국 역사에서 대표적인 미식가로 손꼽히는 청나라 6대 황제인 건륭황제는 13일 동안 8회 이상 오리구이를 먹었다는 기록이 있을 정도다. 산해진미에 둘러싸인 중국의 황제가 이틀에 한 번 꼴로 오리구이를 먹었다니 그 맛이 얼마나 훌륭한지 미루어 짐작할 수 있는 대목이다.

여황제로 중국 대륙을 호령했던 서태후도 당대 소문난 미식가로 날마다 산해진미를 즐겼다. 전속 요리사만 139명, 시중드는 사람이 450여 명에 달했으며 상에 오른 음식이 너무 많아서 멀리 있는 것은 젓가락이 닿지 않아 궁녀가 집어주었다고 한다. 특히 서태후는 오리고기를 좋아했는데, 북경오리가 오늘날처럼 유명하고 맛있게 된 것은 서태후의 영향이 크다고 한다. 서태후는 요리사가 실수로 오리를 잘못 구웠을 때는 가차 없이 죽였다고. 그렇기 때문에 요리사들은 요리법을 열심히 연구할 수밖에 없었다는 것이다.

오리구이의 핵심은 바삭한 껍질. 요리사들은 연구 끝에 오리의 내장을 모두 제거하고 물을 채운 다음 향기가 좋은 과일 나무를 이용해 훈제하는 방식을 사용했는데, 이렇게 만든 오리구이는 껍질이 바삭하며 은은한 훈제향이 일품이라고 한다.

> **여기서 잠깐!**
> **145년간 불씨를 꺼트리지 않은 '취엔지더(全聚德)'**
> 오리구이가 처음 탄생한 곳은 중국의 난징(南京)이다. 명나라의 개국 황제인 주원장은 난징에 도읍을 정했는데, 현지 요리사가 살찐 오리를 숯불에 구워 만든 음식을 맛보고 그만 그 맛에 반하고 말았다. 이후 오리구이는 황궁 요리로 불렸고, 명 왕조가 도읍을 베이징으로 옮기면서 오리구이도 베이징을 중심으로 발전해 북경오리의 이름을 떨치게 되었다.
> 베이징에서 가장 유명한 오리구이 전문점은 '취엔지더(全聚德)'라는 식당이다. 많은 사람이 베이징을 여행할 때 꼭 들리는 곳으로 유명한데, 1864년에 문을 열어 현재까지 1억 마리가 넘는 오리를 구워낸 이곳에서는 영업을 하지 않는 동안에도 불씨를 보관해 무려 150여 년이 넘게 화덕의 불씨를 꺼트리지 않았다고 한다.

09 05 Fri

오늘의 식단

- 쌀밥
- 토란탕 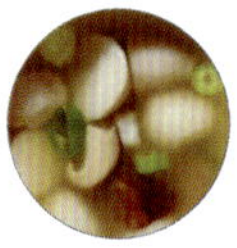
- 도라지/고사리/시금치나물 
- 쇠고기산적 
- 해물동그랑전 
- 배추김치 
- 생밤/생대추 
- 송편 

645.4 Kcal

Today's Recipe

토란탕
추석에 먹는 전통음식

재료
토란 30g, 쇠고기 20g, 표고버섯 7g, 다시마 3g, 대파 3g, 다진 마늘 0.3g, 국간장 2g, 청주 1g, 후춧가루 0.01g

만드는 법
1. 찬물에 다시마를 넣고 끓여 육수를 만든다.
2. 토란은 도톰하게 썬 후 쌀뜨물에 삶아 건져 찬물에 헹군다.
3. 1에 2와 쇠고기를 넣고 끓인다.
4. 파, 마늘을 넣고 국간장으로 간을 맞춘다.

보름달 같이 풍성한 전통 명절 **추석**

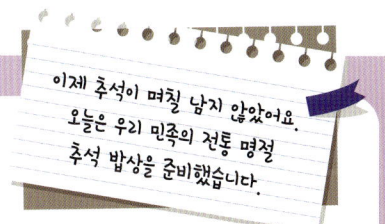

이제 추석이 며칠 남지 않았어요. 오늘은 우리 민족의 전통 명절 추석 밥상을 준비했습니다.

추석은 음력 8월 15일로 8월의 한가운데 날이라는 뜻에서 한가위라고 부르는 우리나라의 큰 명절로 가배(嘉俳), 가배일(嘉俳日), 중추(仲秋), 중추절(仲秋節)이라고도 한다.

추석의 기원이나 유래는 정확히 밝혀진 것은 없지만 고대의 달 숭배 사상에 의거하는 것으로 추정한다. 고대인들에게 보름달은 어두운 밤을 밝혀주는 고마운 존재였다. 이 같은 달 숭배 사상은 점차 조상에 대한 숭배 사상으로 바뀌어 추석날 아침에는 그해 수확한 햇곡식 등으로 정성스럽게 음식을 만들어 조상님께 감사를 표하는 차례를 지냈다.

추석의 대표 절식은 송편과 토란탕을 꼽을 수 있다. 송편의 모양은 달의 형상을 본떠 만든 것으로 밤, 깨, 콩, 팥 등 각종 소를 넣어 맛을 낸다. 이렇게 만든 떡은 솔잎을 깔고 찌는데, 솔잎의 은은한 향이 배어들어 맛이 더욱 좋을 뿐 아니라 송편이 서로 붙는 것을 막아주고 방부제 역할을 한다. 송편이라는 이름도 솔잎을 넣고 찐 떡이라는 뜻의 '송병(松餠)' 또는 '송엽병(松葉餠)'에서 비롯되었다.

토란(土卵)은 '흙속의 알'이란 뜻이며 추석 무렵에 나오는 것이 영양과 맛 모두 최고다. 대표적인 알칼리 식품인 토란은 칼슘, 비타민 B군 등 무기질과 식이섬유가 풍부해 소화를 돕고 변비를 예방한다. 추석 음식 대부분이 고단백, 고지방, 고열량식이라 소화가 잘 안 되고 배탈이 나기 쉬운데 여기에 토란국을 먹음으로써 위장을 보호하고자 했던 선조들의 지혜가 엿보이는 대목이다.

09 11 Thu

622.3 Kcal

오늘의 식단

혼합곡밥

부대찌개

도라지사과무침

알파벳어묵볶음

고추잎김치

해물샐러드

배

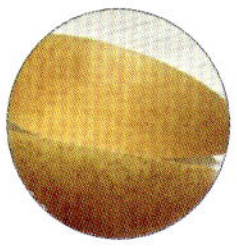

Today's Recipe

재료
모둠해물 30g, 양상추 5g, 사과 5g, 오이 5g, 노랑 파프리카 2g, 빨강 파프리카 2g
드레싱 소스 : 사과주스 2g, 매실청 1g, 레몬즙 1g, 올리브유 1g, 다진 마늘 1g, 식초 0.5g, 와사비페이스트 0.1g, 소금 0.1g

만드는 법
1 냉동된 모둠해물은 해동해 끓는 물에 데친다.
2 양상추, 오이, 사과, 노랑·빨강 파프리카는 소독한 후 세척해 적당한 크기로 썬다.
3 분량의 재료를 섞어 드레싱 소스를 만든다.
4 1과 2에 3을 고루 끼얹는다.

모둠해물샐러드
해산물 골라 먹는 재미가 쏠쏠

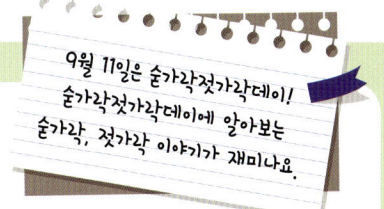

바른 식습관의 중요성 알리는
숟가락젓가락데이

숟가락의 옛 표현은 '술'이다. 연세가 있는 어르신들은 가끔 "한 술 떠봐"라는 표현을 쓰는데, 이는 숟가락으로 떠먹어 맛을 보라는 의미이다. 숟가락은 한자로 '시(匙)' 자를, 젓가락은 '저(箸)' 자를 쓴다. 숟가락과 젓가락을 말하는 '수저'는 이처럼 시저(匙箸)에서 나온 것으로 추측한다.

서양에서는 식사할 때 포크와 나이프를 사용하지만, 동양에서는 숟가락과 젓가락을 쓴다. 숟가락은 손바닥을 오므려 물을 뜨던 모양을 본뜬 것이고, 젓가락은 손가락으로 음식을 집어먹던 것에서 비롯해 만든 것이다.

일본과 중국 등에서도 젓가락과 숟가락을 사용하지만 우리처럼 식사를 할 때 숟가락과 젓가락을 동시에 사용하는 나라는 드물다. 중국은 명대에 이르러 식탁에서 숟가락이 거의 자취를 감췄으며 무덤에 부장하는 숟가락도 사라졌다. 일본도 고대 일본 왕실의 유적이나 한반도와 관련 있는 유적에서 일부 출토될 뿐이다. 그러나 우리나라는 삼국시대 유적에서 드물게 보이다가 통일신라시대 유적에서 증가하기 시작해 고려시대 이후 유적에서는 수량을 일일이 세기 어려울 정도로 폭증한다. 이를 통해 한국인의 삶에서 숟가락이 생활필수품이 된 것은 고려시대 이후로 짐작된다.

최근 서울시에서는 올바른 식습관의 중요성과 식생활 실천을 알리고자 2012년부터 매년 9월 11일을 '건강한 숟가락젓가락데이'로 정하고 다양한 캠페인을 실시하고 있다. 9월 11일로 지정한 이유는 숫자 '9'가 숟가락을, '11'이 젓가락을 연상시키기 때문이다.

09 12 Fri

Today's Recipe

감자어린잎샐러드
담백하고 포슬포슬해

재료
감자 40g, 베이비채소 1.5g, 포도씨유 3g, 허브소금 0.1g
흑임자소스 : 검정깨 1g, 파인애플 10g, 플레인요구르트 5g

만드는 법
1 감자는 껍질을 벗겨 납작한 부채꼴 모양으로 썰어 소금물에 30분간 담가 전분을 뺀다.
2 베이비채소는 소독한 후 깨끗이 씻어 물기를 제거한다.
3 1의 감자에 포도씨유와 허브소금을 골고루 버무린 후 코팅 팬에 가지런히 담고 예열(220℃ 15분)한 오븐에서 굽는다(110℃ 20분).
4 검정깨와 파인애플은 각각 믹서에 간 후, 플레인요구르트와 섞어 흑임자소스를 만든다.
5 2와 3 위에 흑임자소스를 고루 끼얹는다.

756.1 Kcal

오늘의 식단

찰옥수수밥

양송이스프

쥐포양념무침

파인애플함박스테이크

감자어린잎샐러드

배추김치

매실주스

오늘의 급식 이야기

전 세계인이 즐겨먹는 뿌리채소 감자

감자는 다양한 요리에 사용할 수 있을 뿐 아니라 가격도 저렴해 전 세계인이 즐겨먹는 매우 친근한 식재료다. 포슬포슬한 식감이 일품인 감자는 아무런 조리 없이 따끈하게 쪄 먹어도 좋고, 썰어서 볶아 먹어도 좋다. 감자를 강판에 갈아 쫀 득쫀득하게 부친 감자전도 좋고, 기름에 바삭하게 튀긴 감자튀김도 훌륭한 간식이 된다. 주재료로, 또 부재료로 다양하게 조리할 수 있는 감자는 맛뿐 아니라 영양 또한 풍부하다.

감자의 주성분은 수분으로 약 80%를 차지한다. 이외에 탄수화물, 단백질, 지방과 무기질이 들어 있는데 감자의 단백질에는 일반 식물성 단백질과 달리 필수아미노산인 라이신이 다량 함유되어 있다. 또 감자에 함유된 칼륨은 나트륨을 몸 밖으로 배출하는 역할을 하기 때문에 저염식단을 권장하는 식생활에 꼭 필요한 식품이라고 할 수 있다. 감자는 우유와 함께 먹으면 우유의 칼슘과 필수아미노산인 메티오닌이 보강되어 더욱 균형 잡힌 영양분을 얻을 수 있다.

감자는 흔히 구황작물로 불리는데, 일제강점기 시절 일제는 쌀을 수탈하고 그 대체 식량으로 감자를 먹게 했다. '남작'이라고 하는 품종인데, 삶았을 때 껍질이 갈라지면서 분이 일고 입 안에서 스르르 부서진다. 그러나 최근에는 재배하기 어려워 점차 사라지고 있는 추세이며, 대신 미국에서 온 '수미' 품종을 흔히 재배하고 있다. 수미 감자는 식감이 찐득하고 감자 특유의 향이 적은 편이다.

감자는 초여름에 수확하는데 아무리 보관을 잘한다 해도 다음해 봄까지 싹이 나지 않도록 관리하기란 쉽지 않다. 감자를 보관할 때는 공기가 통하는 바구니에 신문지를 깔고 감자를 넣은 다음 서늘하고 습기가 없는 곳에 두어야 한다. 감자를 보관하는 바구니에 사과를 한두 개 넣어두면 사과에서 나오는 에틸렌이라는 물질이 감자의 발아를 억제한다니 참고하면 좋겠다.

여기서 잠깐!
포테이토칩의 우연한 탄생

1850년대 미국 뉴욕 부근에 작은 레스토랑이 있었다. 레스토랑의 주인 조지 크럼은 그야말로 괴짜였는데, 손님이 음식에 대해 불평을 늘어놓으면 그 다음에는 도저히 먹을 수 없는 이상한 음식으로 만들어 다시 내놓았다. 어느 날 레스토랑을 찾은 손님이 주문한 감자튀김이 너무 두껍고 제대로 익지 않았다며 불평을 쏟아내자 심술이 난 크럼은 감자를 최대한 얇게 썰어 뜨거운 기름에 넣어 튀긴 후 소금을 잔뜩 뿌려 내었다.

그런데 먹을 수 없는 음식을 내왔다며 화를 내야 할 손님이 오히려 맛있다고 하는 것이 아닌가. 크럼은 여기에서 아이디어를 얻어 '포테이토 크런치'라는 새로운 메뉴를 만들게 되었고 전국으로 퍼지면서 그 이름이 '포테이토칩'으로 바뀌었다. 그런데 아쉽게도 최초로 포테이토칩을 만든 크럼은 특허를 내지 않았기 때문에 세계적인 메뉴를 개발해놓고도 큰돈은 벌지 못했다고 한다.

633.4 Kcal

오늘의 식단

기장밥

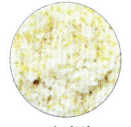
쇠고기양배춧국

두부톳무침

만두탕수

삼잎국화나물볶음

배추김치

사과

영양 만점 고소한 두부

"**두부** 사려~" 해질 무렵 동네 곳곳을 누비던 두부 장수의 종소리는 저녁을 준비하는 주부들에게 더없이 반가운 소리였다. 오늘날 포장 두부가 보편화되면서 리어카를 밀고 다니며 두부를 팔던 두부 장수는 없어졌지만, 기술의 발달로 원하는 때 언제든지 두부를 맛볼 수 있게 되었다.

두부는 기원전 641년 중국 화이난의 왕이었던 유안에 의해 탄생했다는 이야기가 전해 내려온다. 유안은 불로장생을 꿈꾸던 왕이었다. 죽지 않고 오래 살 수 있는 방법을 고민하다 전국에서 8000여 명의 유명인사를 불러 모아 그 방법을 모색하던 유안은 그중 8명을 선발해 세상에 있는 모든 재료를 이용해 불로장생의 명약을 만들라고 지시했지만 모두 실패로 돌아가고 말았다. 상심에 빠져 있던 어느 날, 유안이 잠시 쉬던 중 깜박 잠이 들었는데 꿈속에 신선이 나타나 콩을 갈아 두유를 만들어 먹는 방법을 알려주는 것이 아닌가. 유안은 이 꿈이 범상치 않음을 느끼고 화이난의 팔공산 샘물을 이용해 두부를 만들어 먹었다고 한다.

우리나라에는 두부가 고려 말에 전래되었는데 〈세종실록〉에는 명나라 황제가 조선에서 온 여인이 두부를 잘 만든다고 칭찬했다는 기록이 있으며 이와 같은 두부 만들기 솜씨는 일본에 전해졌다.

두부가 웰빙 음식으로 자리 잡을 수 있었던 것은 육류를 대체할 수 있는 단백질이 들어 있고 열량이 낮아서이다. 콩을 '밭에서 나는 고기'라고 하는 것도 콩이 곡식임에도 육류에 가까운 영양 성분을 함유했기 때문. 단백질은 40%, 필수지방산과 불포화지방산 같은 지질은 20%나 품고 있다. 또 칼슘, 철분 같은 영양소와 건강에 이로운 생리 활성 물질도 고루 들어 있다.

이런 성분을 가진 콩을 가공해 만든 두부는 성장, 발육, 두뇌 발달에 도움이 되는 만큼 성장기 아이에게 매우 이롭다. 더욱이 콩을 편식하는 아이도 두부는 가리지 않고 잘 먹기 때문에 양질의 영양소를 섭취하기에 더없이 좋은 식품이다.

톳두부무침
두부가 들어가 **고소함이 2배**

재료
톳 10g, 두부 20g, 소금 0.1g, 참기름 1g, 참깨 0.5g

만드는 법
1 톳은 흐르는 물에 깨끗이 씻은 후 끓는 물에 살짝 데친다.
2 두부는 데친 후 물기를 짜서 으깬다.
3 1과 2에 소금, 참깨, 참기름을 넣고 살살 버무린다.

여기서 잠깐! 두부와 함께 먹으면 찰떡궁합 식품

콩에 함유된 사포닌 성분은 면역력을 강화하지만 지나치게 섭취할 경우 몸속의 요오드를 배출시켜 건강상 문제를 일으킬 수 있다. 요오드는 갑상선을 구성하는 중요한 성분이기 때문에 부족하면 갑상선호르몬인 티록신이 잘 만들어지지 않는다는 단점이 있다. 따라서 두부를 먹을 때는 요오드를 보충할 수 있는 미역, 김, 파래 등 해조류를 곁들이면 좋다.

쌀과도 궁합이 잘 맞는데 쌀에는 단백질과 필수아미노산인 라이신이 적고 메티오닌이 많은 반면, 두부는 단백질과 라이신이 많으나 메티오닌은 적다. 따라서 쌀과 두부를 함께 섭취하면 서로 부족한 영양소를 보충해줄 수 있어 더욱 건강한 식단을 구성할 수 있다.

09 16 Tue

깻잎어묵전
향긋하고 쫄깃한 **이색전**

재료
사각 어묵 20g, 깻잎 3g, 달걀 10g, 부침가루 3g, 식용유 3g

만드는 법
1 사각 어묵 한 장은 8조각이 나오게 자른다.
2 깻잎은 깨끗이 씻어 2.5 × 2.5cm 크기로 썬다.
3 부침가루에 물과 달걀을 넣고 반죽을 만든다.
4 3에 1, 2를 골고루 섞은 후 부침 팬에 식용유를 두르고 노릇하게 부친다.

618.6 Kcal

오늘의 식단

잡곡밥

시금치된장국

단호박갈치조림

콩나물무침

깻잎어묵전

총각김치

복숭아

오늘의 급식 이야기

비가 오면 생각나는~ 부침개

부침개 냄새가 솔솔 풍기는 비 오는 날은 생각만 해도 군침이 절로 돈다. 고소한 부침개와 시원한 막걸리는 언제부턴가 비 오는 날 먹어야 하는 음식으로 자리 잡았다. 왜 비 오는 날은 유독 부침개가 생각날까?

정확한 근거는 없지만 가장 신뢰가 가는 설은 농경사회의 전통에서 비롯된 것이라는 얘기다. 비가 오는 날은 농사일을 할 수 없어 집에서 쉴 수밖에 없었는데, 그러다 보니 자연스럽게 술 생각이 났고 그에 어울리는 안주를 곁들이게 되었다는 것. 밭에서 나는 채소와 밀가루만 있으면 뚝딱 만들 수 있는 부침개는 더 없이 좋은 안주였을 것이다. 당시 농민들은 누룩으로 빚은 걸쭉한 막걸리를 즐겨 마셨고, 이러한 풍습이 오늘날까지 전해져 부침개와 막걸리는 하나의 공식처럼 여겨지게 되었다는 설이다.

다른 유력한 설은 소리 때문이라는 것이다. 달아오른 프라이팬에 기름을 두르고 부침개 반죽을 넣었을 때 "치이익"하며 반죽이 익는 소리가 빗방울이 유리창에 부딪혀 내는 소리와 비슷하기 때문이라는 것. 실제로 부침개 부치는 소리와 빗소리를 비교 분석한 사례도 있다. 배명진 숭실대 정보통신전자공학부 교수는 "달아오른 프라이팬에 부침개 반죽을 넣었을 때 나는 소리는 비바람 소리와 비슷했고 부침개가 익으면서 나는 기름 튀는 소리는 처마 끝에서 떨어지는 빗소리와 흡사했다"며 "빗소리를 들으면 무의식 중에 부침개 부치는 소리가 연상돼 먹고 싶은 생각이 드는 것"이라고 설명했다.

또 다른 설도 있다. 비가 오면 일조량이 상대적으로 줄어들기 때문에 사람들은 다소 우울함을 느낀다. 이때 신체는 스스로를 보호하기 위해 혈당을 올릴 수 있는 탄수화물이 풍부한 음식을 찾는다는 것이다. 비가 오면 기온이 떨어져 몸이 오싹해지는데 이런 때 열량이 높고 따뜻한 음식을 찾게 된다는 과학적 분석도 뒤따른다.

또 비 오는 날은 저기압으로 냄새가 위로 올라가지 못하고 낮게 깔려 널리 퍼지는데, 그러다 보니 기름 냄새가 입맛을 자극해 너도 나도 부침개를 찾게 되었다는 설도 있다.

09 17 Wed

713.5 Kcal

오늘의 식단

카오팟(볶음밥)

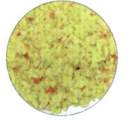
똠얌꿍(스프)

팟타이(볶음면)

까이양(닭구이)

팍붕파이뎅(미나리된장무침)

쏨땀(샐러드)

망고

Today's Recipe

똠얌꿍(수프)
태국인이 사랑하는 국민 찌개

재료
새우(중하) 40g, 토마토 10g, 양송이 8g, 청경채 8g, 양파 6g, 대파 1g, 치킨스톡 1g, 다진 마늘 1g, 칠리소스 1g, 피시소스 1g, 핫소스 1g, 레몬즙 1g, 허브소금 적당량

만드는 법
1. 새우는 깨끗이 씻어 껍질째 물기를 제거한다.
2. 토마토는 깨끗이 씻어 끓는 물에 데친 후 껍질을 벗기고 잘게 다진다.
3. 청경채, 양송이, 양파, 대파는 깨끗이 씻어 먹기 좋은 크기로 썬다.
4. 국솥에 사골육수를 넣고 끓인다.
5. 4에 2와 3을 넣고 끓이다 새우, 다진 마늘, 칠리소스, 핫소스, 피시소스, 레몬즙을 넣는다.
6. 5가 적당히 끓었으면 허브소금으로 간을 맞춘다.

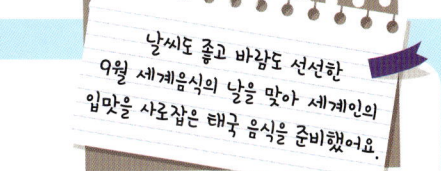

날씨도 좋고 바람도 선선한 9월 세계음식의 날을 맞아 세계인의 입맛을 사로잡은 태국 음식을 준비했어요.

향기가 매력적인 태국 음식

태국은 주변 국가와 달리 식민지 경험이 없기 때문에 나름대로 독자적인 문화를 이어왔다. 음식에 있어서는 인도의 영향을 많이 받은지라 커민, 바질, 박하, 칠리 등 각종 향신료를 많이 사용하는 편이다. 처음에는 태국 음식의 강한 향신료가 익숙하지 않을 수도 있지만 자꾸 먹다 보면 묘한 중독성이 있어 자꾸 찾게 되는 매력이 있다.

똠얌쿵 : 중국의 상어지느러미 수프, 프랑스의 부이야베스와 함께 세계 3대 수프로 꼽히는 태국 음식이다. 우리의 해물탕과 맛이 비슷하나 레몬이 들어 있어 신맛이 강한 것이 특징이다.

팟타이 : 팟타이는 태국의 볶음 쌀국수로 짠맛, 신맛, 단맛이 어우러져 복합적인 맛을 낸다. 팟타이는 태국 요리의 대표격으로 알려져 있으나 의외로 역사는 그리 오래되지 않았다. 팟타이는 1940년대에 송크람 총리가 주도한 민족주의 운동의 일환으로 대중화시킨 음식이라는 견해가 일반적이다.

카오팟 : 태국어로 '카오'는 쌀이라는 뜻이고, '팟'은 볶는다는 뜻이다. 쌀국수와 더불어 가장 많이 먹는 대중적인 음식으로 주재료는 돼지고기, 쇠고기, 닭고기, 해산물, 달걀, 채소 등 들어가는 재료가 다양하다.

까이양 : '까이'는 닭, '양'은 구이를 이르는 말로 양념한 닭을 숯불에 구운 요리다.

쏨땀 : 파파야를 채 썰어 타이 고추, 마늘, 토마토, 피시소스, 라임, 땅콩을 빻아서 소스로 뿌려 먹는 샐러드다.

팍붕파이뎅 : 미나리과의 야채에 태국식 된장 소스와 매운 고추를 넣어 볶은 음식이다.

09 18 Thu

오늘의 식단

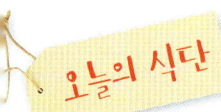
발아현미밥

오징어두부찌개

훈제삼겹살구이

비름나물

해파리샐러드

보쌈김치

거봉

628.2 Kcal

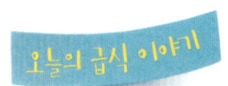

바다의 불청객
해파리

해파리무침
오독오독 씹는 재미가 있는 맛

재료
해파리 25g, 오이 10g, 배 10g, 래디시 3g, 참깨 0.2g
소스 : 마늘 1g, 설탕 3g, 식초 3g, 레몬즙 1g, 소금 0.1g

만드는 법
1 해파리는 80℃ 물에서 살짝 데쳤다가 찬물에 박박 문질러 씻는다.
2 식초를 물에 푼 후 1을 담가둔다.
3 오이, 배는 소독한 후 씻어 채 썬다.
4 래디시는 소독한 후 씻어 둥글게 편으로 썬다.
5 마늘, 설탕, 식초, 레몬즙, 소금을 섞어 소스를 만든다.
6 5에 2, 3, 4를 넣고 버무린다.
7 6에 참깨를 뿌려 마무리한다.

해파리냉채는 코끝이 찡하니 알싸하게 톡 쏘는 맛과 씹으면 새콤달콤 오돌토돌 쫄깃쫄깃한 식감으로 사랑받는 중식 코스 요리의 단골 애피타이저. 하지만 한식에서도 없던 입맛을 확 살아나게 해주는 상큼한 메뉴다.

한천질의 몸을 가진 해파리는 대부분 무침이나 냉채로 만들어 먹는다. 시중에서 판매하는 식용 해파리는 손질해서 소금에 절인 것인데, 요리 전에 찬물에 담가 소금기를 여러 번 제거하고 단촛물에 담갔다가 체에 밭친 후 각종 채소와 양념에 새콤달콤하게 무쳐내면 된다.

보통 우산 모양을 하고 바다 속을 자유롭게 떠다니는 해파리는 다른 바다 생물들과 달리 열악한 환경에서도 활발하게 번식하는 것으로 알려져 있다. 지구 온난화로 인한 바다 온도의 상승, 무분별한 어획으로 인한 어린 물고기 수의 감소, 오폐수의 증가 등으로 바다의 용존산소량이 낮아짐에 따라 바다가 황폐화되고 있지만, 해파리는 이러한 환경 속에서도 먹이 활동을 하며 번식할 수 있다는 점에서 급격하게 개체수가 증가하고 있는 것이다.

최근 늘고 있는 해파리 피해에 대한 뉴스를 보면서 잡아먹으면 되지 않느냐고 말하는 사람도 있지만, 우리가 먹을 수 있는 근구해파리와 같은 식용 해파리는 세계적으로 약 200여 종 중 4종 정도. 그것도 촉수와 다리 부분을 제거하고 몸통 부분만 먹을 수 있다. 그 외의 해파리 종류는 피부에 발진을 일으키고 독소가 있어 식용이 불가하다. 예를 들어 우리 남·서해안에 출현해 어장을 초토화시키고 있는 대형종 노무라입깃해파리의 경우 근구해파리목에 속해 식용이 가능하기는 하지만, 맛이 없고 무엇보다도 비린내가 많이 나 아무리 요리를 잘해도 맛있게 먹기 힘들다.

해파리는 갓 밑으로 많은 촉수가 늘어져 있는데 촉수는 자포(刺胞)로 무장되어 있어 여기서 독침으로 먹이를 쏘아 작은 동물들을 잡아먹는다. 그런데 노무라입깃해파리의 경우는 근처에 다가가기만 해도 자포를 쏘아대는 바람에 해파리 촉수가 직접 몸에 닿지 않아도 물에 떠 있는 자포에 쏘이게 되어 심한 통증이 발생할 수 있으므로 바닷가 물놀이 시 주의해야 한다.

09 19 Fri

오늘의 식단

차수수밥

콩비지백탕

소라무침

달걀김말이

고구마당근조림

열무김치

참다래

628.8 Kcal

오늘의 급식 이야기
몸에 생기를 주는 주황색 채소
당근

당근은 건강한 식생활을 위해 백 번 강조해도 지나치지 않은 건강한 채소다. 수천 년 전 중앙아시아와 중동 지방에서 처음 발견된 당근이 우리나라에 도입된 시기와 경로는 정확하게 밝혀져 있지 않지만 당나라에서 들어온 뿌리채소라 하여 당근이라는 이름이 붙었다는 설이 있으며, 16세기쯤 중국에서 들어왔다고 보는 견해가 유력하다.

당근에는 여러 영양소가 함유되어 있지만 가장 으뜸은 베타카로틴이다. 강력한 항산화제로 손꼽히는 베타카로틴은 몸의 면역력을 높여주는 역할을 한다. 또 베타카로틴은 인체에 흡수되면 비타민 A로 전환되는데, 비타민 A가 부족하면 시력 감퇴뿐 아니라 야맹증과 안구건조증, 결막염 등 각종 안질환에 걸릴 위험이 있다. 당근을 먹으면 눈이 좋아진다고 하는 이유가 바로 그것이다.

당근을 많이 먹으면 깜깜한 밤에도 눈이 잘 보인다는 이야기와 관련된 재미있는 일화가 있다. 그 일화는 제2차세계대전이 일어난 때로 거슬러 올라간다. 제2차세계대전 중 영국 공군은 적군 수색에 레이더를 쓴다는 사실을 은폐하기 위해 야간 비행사들이 많은 양의 당근을 먹어 밤에도 잘 볼 수 있다는 소문을 퍼트리기 시작했다. 독일의 옛 민간 속설에도 당근을 많이 먹으면 눈이 좋아진다는 이야기가 있던 터라 이 소문은 신빙성을 얻어 전쟁을 하던 사람들 사이에 때 아닌 당근 쟁탈전이 벌어졌다. 레이더의 개발을 감추기 위해 이런 소문을 일부러 내게 했다는 이야기도 있지만, 실제 비타민 A가 풍부한 당근은 조종사들의 야맹증을 개선시킨다는 실험 결과도 발표되었다.

'당근과 채찍'이라는 말도 있듯이 달콤하고 맛 좋은 당근이지만, 아이들은 당근을 싫어하는 게 문제다. 그렇다고 당근을 안 먹일 수는 없는 일. 싫어하는 음식이라도 조금씩 자주 접하다 보면 크면서 편식에서 벗어날 수 있기 때문에 당근을 작게 썰어서 조리하거나 다양한 조리법을 적용해보는 노력이 필요하다.

Today's Recipe
고구마당근조림
건강에 이로운 **채소의 만남**

재료
고구마 30g, 당근 12g, 검은깨 0.2g, 참기름 0.5g, 식용유 0.5g
조림장 : 간장 5g, 물 5g, 물엿 5g, 매실청 2g

만드는 법
1 고구마와 당근은 세척한 후 깍둑 썰어 소금물에 30분간 담갔다 데친다.
2 분량의 재료를 섞어 조림장을 만든다.
3 달군 팬에 식용유를 두른 후 1을 넣고 볶다가 조림장을 넣어 조린다.
4 3에서 윤기가 나면 참기름과 검은깨를 넣고 마무리한다.

여기서 잠깐!
당근은 원래 보라색이었다?

선명한 주황색이 매력적인 당근. 그런데 당근은 원래 주황색이 아닌 보라색이었다고. 기원전 2000년 경 이집트 신전의 그림에는 보라색 당근이 있으며, 기원전 8세기 이집트 왕의 정원에도 보라색 당근이 있었다고 한다. 보라색 당근은 10세기에 아프가니스탄, 파키스탄, 북부 이란에서 재배되었고 14세기에 유럽으로 수입된 당근들도 대부분 보라색, 흰색, 검은색, 빨간색, 초록색이었다고. 현재 우리가 즐겨 먹는 주황색 당근은 17세기 네덜란드의 한 농부가 주황색이 나는 변종 당근을 보라색 당근에 접목해 재배하면서 생겨난 것으로, 전문가들은 이것을 북아프리카에서 온 노란 돌연변이 씨앗에 의해 생긴 것으로 추정하고 있다.

09 22 Mon

Today's Recipe

냉우동샐러드
차갑게 먹어 **더욱 쫄깃한 식감**

재료
우동면 35g, 오이 10g, 노랑 파프리카 6g, 게살 15g, 참기름 1g, 올리브유 적당량
드레싱 소스 : 사과주스 2g, 다진 마늘 1g, 올리브유 1g, 레몬즙 1g, 매실청 1g, 와사비 페이스트 0.14g, 소금 0.1g

만드는 법
1 오이와 파프리카는 깨끗이 씻어 채 썬다.
2 게살을 잘게 찢는다.
3 우동면은 삶아 찬물에 헹군 뒤 참기름과 올리브유에 버무린다.
4 분량의 재료를 섞어 드레싱 소스를 만든다.
5 1, 2, 3에 4를 넣고 고루 버무린다.

627.2 Kcal

오늘의 식단

통밀밥

쇠고기된장찌개

임연수어양념구이

토란대볶음

냉우동샐러드

배추김치

멜론

오늘의 급식 이야기

우리나라 최초의 한글 요리책
음식디미방

〈음식디미방(飮食知味方)〉은 '음식의 맛을 아는 방법'이란 뜻으로 정부인 안동장씨(1598~1680)가 집안 대대로 내려오는 음식 조리법을 딸과 며느리들에게 전하기 위해 한글로 서술한 최초의 한글 조리서이다. '음식디미방'의 명칭은 두 가지이다. 본문의 첫머리에 적힌 이름은 '음식디미방'으로 되어 있지만 책의 겉표지에 쓰인 표지 이름은 '규곤시의방'으로 되어 있다. 규곤시의방이란 부녀자에게 필요한 것을 바르게 풀이한 글이라는 뜻이다.

이전의 음식 조리서는 대체로 중국의 것을 옮겨 놓은 것이 많은데, 〈음식디미방〉은 17세기 후반 영남 북부 지방의 반가에서 사용하던 음식 조리법을 독자적으로 정리한 것이라는 데 의미가 있다.

〈음식디미방〉에는 국수와 만두를 포함한 면병류 15종, 고기와 생선을 아우르는 어육류 46종, 채소와 과자를 모아 놓은 소과류 31종, 그리고 주류 53종까지 모두 146가지 음식의 조리법이 구체적으로 나와 있다. 이 중 '맛질방문'이라고 부기된 것이 있는데 이는 정부인 안동장씨 친정어머니인 권씨의 친정마을이 예천 맛질인 것으로 미루어볼 때, 안동장씨가 친정어머니를 통해 전수 받은 조리법일 것이라고 추측할 수 있다.

〈음식디미방〉에는 특히 술 종류가 유난히 많은데, 146가지의 음식 중 53가지가 술일 정도로 가양주(집에서 빚은 술) 잘 담그는 일을 매우 중요하게 생각했다는 것을 알 수 있다. 안동소주로 유명한 소주, 배꽃 피는 시기에 담는 이화주, 대나무 잎을 술독 위아래에 깔아 댓잎의 향과 색을 내는 죽엽주 등은 요즘에도 전승되고 있는 술이다.

〈음식디미방〉의 권말에는 "이 책을 이렇게 눈이 어두운데 간신히 썼으니, 이 뜻을 알아 이대로 시행하고, 딸자식들은 각각 베껴 가되, 이 책을 가져 갈 생각일랑 절대로 내지 말며, 부디 상하지 않게 간수하여 빨리 떨어져 버리게 하지 말라"는 글이 적혀 있다. 노년의 어두운 눈으로 간신히 이 책을 썼으니 그 뜻을 잘 알아 이대로 시행하고, 책은 종가에 간수해 오래 전하라는 정부인의 깊은 뜻이 담긴 당부의 말이다. 다행히 정부인의 당부는 후손들에 의해 그대로 실천되어 왔고, 현재 한글로 쓴 최초의 음식 조리서 〈음식디미방〉은 경북대학교 고서실에 잘 보존되어 연구가 활발히 진행되고 있다.

09 23 Tue

오늘의 식단

629.4 Kcal

흑미밥

골뱅이찌개

두부멸치조림

베이컨아스파라거스볶음

들깨열무무침

깻잎김치

대추토마토

오늘의 급식 이야기

아삭한 맛 일품인 프리미엄 채소
아스파라거스

아스파라거스는 죽순과 비슷한 모양을 한 백합과의 식물이다. 끓는 물에 살짝 데치거나 기름을 두르고 볶아 먹으면 식감이 아삭하고 칼로리도 낮아 비만하거나 다이어트에 관심이 많은 사람에게 더없이 좋은 채소다.

아스파라거스는 지중해 연안 지역이 원산지로, 2000년 이상의 역사를 가진 것으로 추정한다. 고대 이집트인들도 아스파라거스에 대한 글을 남겼고 그리스와 로마에서는 독특한 향미, 질감, 효능 등을 가진 귀한 채소라고 칭송했다. 로마제국은 아스파라거스를 너무 사랑한 나머지 최상품의 아스파라거스를 수집하려는 목적으로 선박을 특별 제작하기도 했다고. 16세기에 들어와 영국과 프랑스에서 점차 대중적인 채소로 자리 잡은 아스파라거스는 초기 이주민들에 의해 아메리카 대륙으로 전파되었다. 우리나라에서는 다소 생소한 식재료였지만 서양 음식 문화가 대중화되면서 점차 아스파라거스를 찾는 이가 많아졌고, 지금은 강원도부터 제주도까지 우리나라 전 지역에 아스파라거스 재배 농가가 늘어나고 있다.

아스파라거스에는 아스파라긴산이 콩나물보다 10배나 많이 들어 있는데, 이는 피로 해소와 숙취 해소에 탁월한 효능을 보인다. 사실 아스파라긴산이라는 이름 자체가 아스파라거스에서 유래된 것이라고. 또 아스파라긴산은 우리 몸의 신진대사를 높이는 에너지원의 하나인 탄수화물과 지질을 열량 에너지로 바꿈으로써 신체 에너지 대사를 활발하게 하며 마그네슘, 칼륨 등의 미네랄을 순조롭게 온몸으로 운반하는 역할도 한다.

아스파라거스는 종류가 300여 종에 이르는데 크게 그린, 화이트, 퍼플 아스파라거스로 나뉜다. 우리가 시중에서 흔히 보는 것은 그린 아스파라거스인데 비타민 함유량이 높고, 화이트 아스파라거스는 토양과 햇볕을 조절해 재배한 것으로 쌉쌀한 사포닌 성분이 많으며 아삭한 맛은 덜한 대신 식감이 부드러워 유럽에서 인기가 높다. 퍼플 아스파라거스는 안토시아닌이 풍부하고 당도가 높은 것이 특징이다.

좋은 아스파라거스는 봉오리가 벌어지지 않고 꽉 차 있으며 줄기가 두껍고 곧게 뻗은 것이다. 아스파라거스는 구입 후 밑동의 끝 부분을 잘라내고 물기를 짠 키친타월로 감싼 다음 밀폐용기에 곧게 세워 냉장고에 넣어 두면 5일 정도는 신선한 상태로 먹을 수 있다.

Today's Recipe

베이컨아스파라거스볶음
짭조름한 맛이 **밥반찬으로 아주 그만**

재료
베이컨 25g, 아스파라거스 7g, 양파 10g, 포도씨유 1g, 참기름 1g, 허브소금 0.05g, 후춧가루 0.01g

만드는 법
1 베이컨은 2×4cm 길이로 썬 후 뜨거운 물에 살짝 데친다.
2 양파는 세척한 후 먹기 좋은 크기로 썬다.
3 아스파라거스는 필러로 껍질을 벗기고 밑동을 잘라낸 다음 끓는 물에 소금을 조금 넣고 데쳐 찬물에 헹군 후 3cm 길이로 썬다.
4 볶음 팬에 포도씨유를 두른 후 베이컨을 넣고 볶다가 2, 3을 넣고 볶는다.
5 4에 허브소금으로 간을 맞추고 후춧가루와 참기름을 넣고 마무리한다.

09 24 Wed

644.5 Kcal

오늘의 식단

차조밥

호박김치찌개

황해도식청포묵무침

조개젓무침

고기전

동치미

오쟁이떡

배

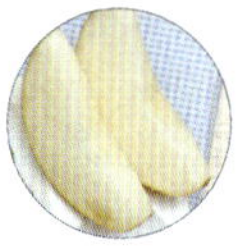

Today's Recipe

황해도식 청포묵무침
담백하고 보들보들한 식감

재료
청포묵 35g, 고사리 3g, 당근 3g, 미나리 3g, 달걀 6g, 참기름 1.5g, 참깨 0.2g, 간장 1g, 소금 0.2g, 식용유 적당량
고사리 양념 : 국간장 0.3g, 참기름 0.3g

만드는 법
1. 청포묵은 채 썰어 살짝 데친 후 참기름과 소금으로 무친다.
2. 고사리는 세척해 데친 후 양념해 볶는다.
3. 당근과 미나리는 세척해 4cm 길이로 썰어 데친 후 살짝 볶는다.
4. 달걀은 지단을 부쳐 채 썬다.
5. 1, 2, 3, 4를 섞어 참기름, 참깨, 간장, 소금을 넣고 버무린다.

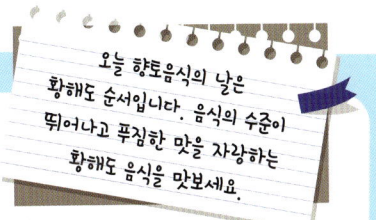

오늘 향토음식의 날은 황해도 순서입니다. 음식의 수준이 뛰어나고 푸짐한 맛을 자랑하는 황해도 음식을 맛보세요.

푸짐하고 먹음직스러운 황해도 음식

황해도는 북부 지방의 곡창 지대인 만큼 쌀이 풍부하고 잡곡이 많이 생산된다. 곡식의 질이 좋아 그것을 먹고 자란 가축의 육질도 뛰어난 편. 그래서 대부분 음식의 수준이 뛰어나다. 황해도 음식은 전반적으로 겉모양에 치중하지 않는다. 기교를 부리지 않고, 무엇이든 큼직하게 만드는 편이다. 대표적인 것이 바로 만두인데, 한두 개만 먹어도 배가 부를 정도로 크다. 간은 짜지도 싱겁지도 않아 서해를 끼고 있는 충청도와 비슷하다.

황해도를 대표하는 음식으로는 해주비빔밥, 김치밥, 차조밥, 조기매운탕, 호박김치찌개 등이 있다. 해주비빔밥은 조선시대 3대 비빔밥(평양비빔밥, 해주비빔밥, 전주비빔밥) 중 하나로 돼지비계로 기름을 내어 밥을 볶는 게 특징이다. 김치밥은 겨울철에 자주 해 먹는 음식으로 배추김치와 돼지고기를 잘게 썰어 양념해 볶다가 불린 쌀을 넣고 밥을 지어 양념장과 함께 먹는 음식이다. 반찬으로는 누름적, 되비지탕, 녹두전, 청포묵무침, 호박짠지 등이 있는데 그중에서 누름적은 돼지고기·김치·실파 등을 큼직하게 꼬챙이에 꿰고 밀가루를 묻혀 기름에 지진 요리로 황해도의 넉넉한 인심이 잘 드러나는 요리라고 할 수 있다.

별식으로 찹쌀가루를 쪄서 찧은 후 팥소를 넣고 오쟁이 모양으로 큼직하게 만들어 콩고물을 묻힌 오쟁이떡도 즐겨 먹었다. 오쟁이는 새끼를 엮어 만들어서 씨앗을 담는 주머니로, 떡의 모양이 오쟁이처럼 생겼다고 해서 붙은 이름. 황해도에서는 한 개만 먹어도 배가 부를 정도로 큼직하고 푸짐하게 만들어 먹었다.

09 25 Thu

오늘의 식단

- 클로렐라밥
- 육개장
- 양송이볶음
- 연어생선가스
- 영양부추샐러드
- 석박지
- 무화과

638.7 Kcal

오늘의 급식 이야기

꽃을 먹는 과일
무화과

무화과(無花果)를 한자 그대로 풀이하면 '꽃이 없는 과일'이다. 그런데 이는 생물학적으로 잘못 붙인 이름이다. 겉으로 보기엔 꽃도 없이 어느 날 열매만 익기 때문에 꽃 없는 과일이란 뜻으로 무화과라고 불렸지만, 사실은 무화과 열매라고 부르는 것이 바로 무화과 꽃이다. 꽃이 필 때 꽃받침과 꽃자루가 길쭉한 주머니처럼 비대해지면서 수많은 작은 꽃들이 주머니 속으로 들어가 버려 보이지 않는 것이다.

무화과는 성경에도 자주 언급될 정도로 아주 오래되고 상징성이 큰 과일이다. 아담과 이브가 선악과를 먹고 벌거벗었다는 사실을 깨달았을 때 황급히 가리개로 쓴 것이 바로 무화과 잎이었다. 또 클레오파트라는 건강에 유익하다며 무화과를 매우 귀하게 여겼고, 고대 그리스의 올림포스 영웅들은 무화과를 단순한 먹을거리 이상으로 생각해 자신이 성취한 업적을 기리는 메달로 착용하기도 했다.

우리나라에 무화과가 들어온 것은 20세기 정도로 알려져 있다. 무화과나무는 17세기 유럽에서 일본으로 전래되었는데, 일제강점기에 우리나라로 유입되어 남부 지방에 넓게 번진 것으로 추정된다.

무화과는 섬유질 함량이 월등히 높아 섭취하면 포만감을 쉽게 느끼고 칼로리 흡수가 지연된다. 또 단백질 분해 능력이 뛰어나기 때문에 고기를 잴 때 사용하면 고기가 연해지고 맛도 좋아진다. 반면 당분의 소화와 흡수를 지연시켜 당뇨병 환자들에게도 좋다. 그 밖에도 칼륨, 칼슘, 마그네슘, 철분, 질병 저항 효과가 뛰어난 폴리페놀 성분의 훌륭한 공급원이다. 무화과에 함유된 페놀 화합물은 세포의 손상과 돌연변이를 방지하고 심장질환과 암으로부터 우리 몸을 보호해준다.

Today's Recipe

연어생선가스
부드럽고 고소한 **브레인 푸드**

재료
연어살 40g, 생 빵가루 6g, 건 빵가루 6g, 콩기름 3g
밑간 : 달걀 12g, 우유 3g, 밀가루 2g, 치킨 가루 4g, 청주 0.5g, 생강즙 0.1g, 다진 마늘 0.3g, 후춧가루 0.05g

만드는 법
1. 연어살은 식촛물로 세척한 후 물기를 제거한다.
2. 1에 분량의 재료를 섞어 밑간한 후 재운다.
3. 생 빵가루와 건 빵가루를 섞어 2에 골고루 입힌다.
4. 3을 175~180℃의 기름에서 노릇하게 튀긴다.

 여기서 잠깐!

지구 역사상 가장 오래된 과일, 무화과

성경에 따르면 인류가 최초로 입었던 옷은 바로 무화과 이파리였다. 이를 통해 뽕나무과에 속하는 무화과나무가 인류의 역사가 시작되기 이전부터 지구상에 존재했음을 확인할 수 있다.

서양에서는 무화과를 잘랐을 때 씨 같은 작은 알갱이들이 많아 다산의 상징으로 여겼다. 동양에서는 다른 열매들처럼 시간을 두고 서서히 커지면서 익는 것이 아니라 며칠 만에 갑자기 크면서 익는 무화과를 보고 발갛게 부어오르다가 고름이 터지는 종기와 연관 지었는데, 놀랍게도 종기나 치질에 무화과 수액을 바르면 특효라고 한다.

09 26 Fri

오늘의 식단

645.1 Kcal

검정콩밥

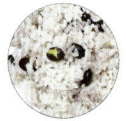
들깨버섯수제비

다시마채조림

호박잎/양배추쌈

된장쌈장

콩불고기

배추겉절이

찐고구마

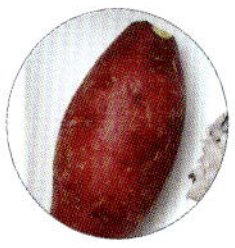

Today's Recipe

재료
건다시마 3g, 참기름 1.5g, 참깨 0.2g, 포도씨유 0.5g
조림장 : 간장 2g, 매실청 0.5g, 물엿 0.5g, 물 0.5g

만드는 법
1 다시마 육수를 낸 후 다시마를 건져 얇게 채 썬다.
2 분량의 재료를 냄비에 넣고 끓여 조림장을 만든다.
3 볶음 팬에 포도씨유를 두르고 1을 볶다가 조림장을 넣어 조린다.
4 3에 참기름과 참깨를 넣고 고루 뒤적인다.

다시마채조림
식이섬유 풍부한 **밥반찬**

몸과 마음이 가벼워지는 사찰음식

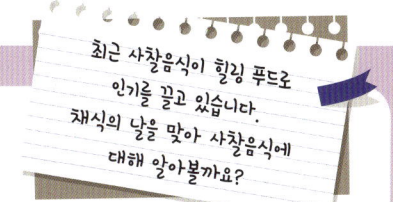

*채식*에 대한 관심이 높아지면서 채식을 대표한다고 할 수 있는 사찰음식에 대한 관심 또한 높아지고 있다. 불교에서는 음식을 먹기 전에 '1. 이 식사가 있기까지 공이 얼마나 들어간 것인가를 생각한다 2. 자기의 덕행이 공양을 받을 만한 것인가를 생각한다 3. 마음을 지키고 허물을 여의는 데는 삼독(三毒)을 없애는 것보다 나은 방법이 없음을 관한다 4. 밥 먹는 것을 약으로 여겨 몸의 여윔을 방지하는 것으로 족하다는 것을 관한다 5. 도업(道業)을 성취하기 위하여 이 공양을 받는 것임을 관한다'라는 '오관게(五觀偈)'를 게송하며 음식을 신성하게 여긴다.

불교에서는 음식 역시 수행의 일부분으로 생각하므로 엄격한 제한을 두는데, 살생을 금하기 때문에 고기와 생선 등을 먹지 않는 채식 위주의 식사를 한다. 또 채소라고 해서 모두 먹을 수 있는 것은 아니다. 불교에서 금하는 채소의 대표적인 것은 오신채. 마늘, 파, 부추, 달래, 흥거 이상 다섯 가지로 대부분 자극성 있고 냄새가 강한 것이 특징이다. 흥거는 백합과의 식물로 한국과 일본, 중국에서는 구할 수 없는 식물이다. 대파와 비슷하게 생겼으며, 인도에서는 카레에 많이 넣어 먹는다고 한다.

불교에서 오신채를 금지하는 이유는 이들 식물의 성질이 맵고, 향이 강하기 때문에 마음을 흩뜨려 수행에 방해가 되기 때문이다. 날로 먹으면 성내는 마음을 일으키고, 익혀 먹으면 음심(淫心)을 일으켜 정신 수양에 해가 된다는 것. 사찰에서는 오신채를 대신하기 위한 양념의 재료로 다시마, 들깨, 방앗잎, 제피가루, 버섯 등을 사용한다.

09 29 Mon

630.6 Kcal

오늘의 식단

홍버섯쌀밥

열무된장국

개성무찜

실치볶음

감자비트전

배추김치

참다래

개성무찜
세 가지 고기를 한 번에!

재료
쇠고기 25g, 돼지고기 25g, 닭고기 25g, 무 10g, 당근 4g, 표고버섯 3g, 양파 5g, 깐 밤 5g, 깐 은행 3g, 대추채 0.8g, 참기름 약간, 식용유 적당량
고기 밑간 : 간장 1g, 매실청 1g, 설탕 1g, 청주 1g, 파 0.5g, 다진 마늘 0.3g, 참기름 0.5g, 후춧가루 0.01g
조림장 : 물 5g, 생강 0.3g, 대파 1g, 마늘 0.5g, 간장 2g, 매실청 1g, 청주 1g, 물엿 3g

만드는 법
1 쇠고기, 돼지고기, 닭고기는 가로세로 2cm 크기로 준비하여 분량의 재료를 섞어 밑간해 재운다.
2 분량의 재료를 냄비에 넣고 바글바글 끓여 조림장을 만든다. 생강, 대파, 마늘은 건져낸다.
3 무는 깍뚝 썰어 소금에 절였다가 끓는 물에 데친다.
4 당근, 표고버섯, 양파, 깐 밤, 깐 은행은 깨끗이 씻은 후 먹기 좋은 크기로 썬다.
5 볶음 팬에 식용유를 두르고 1을 볶다가 조림장의 1/2 분량을 넣고 조린다.
6 5에 3, 4, 대추채, 나머지 조림장을 넣고 조린다.
7 6에 윤기가 돌면 참기름을 두르고 마무리한다.

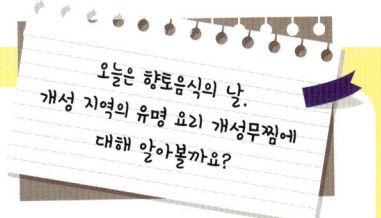

소화를 돕는 지혜로운 음식 개성무찜

*개성무찜*은 돼지고기, 쇠고기, 닭고기를 손질해 무와 함께 간장에 조린 북한 개성 지역의 향토음식이다. 세 가지 육류를 맛볼 수 있을 뿐 아니라 육류의 소화를 돕는 무가 들어가 맛과 영양 모두를 갖춘 음식이라 할 수 있다.

개성무찜이 만들어진 사연은 조선시대로 거슬러 올라간다. 조선시대 개성의 어느 고을에 아름다운 양반 댁 규수가 살고 있었다. 그런데 어느 날 이 규수를 마음에 둔 산적 두목이 그녀를 그만 납치하고 말았다. 그 규수를 남몰래 좋아하고 있던 한 가난한 총각은 그 광경을 목격하고 산적 소굴에 잠입해 목숨을 걸고 그녀를 구했다. 그 규수는 자신의 목숨을 구해준 총각이 아니면 절대 시집을 가지 않겠다고 했고, 양반 댁에서는 딸의 목숨을 구해준 총각을 사위로 삼아 매일 산해진미로 극진히 대접했다. 그런데 총각이 어느 날 갑자기 몸져눕고 말았다. 당황한 양반 댁에서 의원을 모셔와 진맥을 하니 평소 먹지 않던 산해진미를 몸이 미처 소화 시키지 못해서 그렇다는 것이었다. 의원은 소고기, 닭고기, 돼지고기를 골고루 넣고 소화가 잘 되도록 무를 넣어 찜을 해먹이면 효과가 있을 거라는 처방을 내렸고 이에 따르자 총각의 몸은 하루가 다르게 좋아졌다. 그후 개성 사람들은 고기를 먹을 때는 무를 함께 넣어 찜을 해먹었다고 한다.

매운가지볶음
매콤해서 **더욱 감칠맛 나는 반찬**

재료
가지 20g, 양파 10g, 대파 1g, 올리브유 1g, 다진 마늘 1g, 참깨 0.2g
양념장 : 간장 2g, 고춧가루 1g, 참기름 1g

만드는 법
1 가지는 길쭉하게 썬다.
2 양파는 굵게 채 썰고 대파는 어슷하게 썬다.
3 볶음 팬에 올리브유를 두르고 다진 마늘을 볶아 향을 낸 후 1과 2를 넣고 볶는다.
4 3에 분량의 양념장 재료를 넣고 재빨리 볶는다.
5 4에 참깨를 뿌려 마무리한다.

631.2 Kcal

오늘의 식단

보리밥

해물된장찌개

파송송닭튀김

매운가지볶음

오이소박이

양배추사과샐러드

포도

오늘의 급식 이야기

감칠맛 풍부한 천연 발효 조미료 간장

"장맛이 좋아야 음식 맛이 좋다"고 할 정도로 예로부터 우리 선조들은 장을 아주 중요한 조미료로 여겼다. 장 담그는 날을 신중히 택할 정도로 매우 신성시해 목욕재계하고 고사를 지내기도 했으며, 주부는 말을 하다 침이 튀지 않도록 입에 창호지를 붙이고 일을 했다. 또 장을 담근 후 3일 동안은 흉한 곳에 가지 않을 정도로 몸가짐을 매우 신성시 했다. 장 항아리에 숯과 고추를 띄우고 금줄을 두르기도 했는데, 이는 귀신이 숯구멍에 들어가 갇히거나 붉은색과 매운맛을 싫어해 멀리 도망쳐 버린다고 믿었기 때문이다. 한낱 미신일 뿐이라는 의견도 있지만 숯과 고추는 악취를 흡착하고 살균 효과가 있다는 과학적 근거가 선조들의 지혜를 뒷받침해준다.

장을 담그기 위해서는 먼저 콩을 삶아 메주를 만들어야 한다. 간장은 메주를 소금물에 담가 추출한 용액으로, 여러 해를 묵힐수록 빛깔이 짙어지고 감칠맛이 강해진다. 전통 간장에는 콩의 단백질에서 분해되어 나온 다양한 아미노산이 들어 있어 구수한 맛이 난다. 또 간장의 메티오닌 성분은 체내의 유독 물질을 제거하고 혈액을 맑게 만든다.

재래간장 : 콩과 천일염을 사용해 만든 재래식 간장은 집간장, 국간장, 조선간장 등으로 불린다. 색이 진하고 짠맛이 강하며 구수한 감칠맛이 난다. 햇빛과 바람을 적당히 쐬도록 매일 항아리 뚜껑을 열고 닫는 과정을 반복하기 때문에 충분히 숙성되어 깊은 맛이 난다.

양조간장 : 양조란 발효라는 뜻의 일본식 용어로 재래간장과 대비해 왜간장이라고도 부른다. 간장의 검은빛이 진하고 재래간장에 비해 덜 짜다. 양조간장은 끓이면 고유한 향과 맛이 날아가므로 열을 가하지 않는 음식, 샐러드 드레싱, 찍어 먹는 소스 종류에 사용하면 좋다.

산분해간장 : 산분해간장은 탈지대두를 식용염산으로 가수분해한 후 탄산수소나트륨으로 나머지 염산을 중화시킨 용액으로, 각종 첨가물을 배합해 숙성 기간 없이 단기간에 만든 인스턴트 간장을 말한다. 숙성 기간을 거치지 않기 때문에 진한 간장 색을 내기 위해 색소를 첨가하는 경우도 있으니 구입할 때 꼼꼼하게 살펴보고 골라야 한다. 다른 발효간장에 비해 맛이나 향은 떨어지는 대신 가격은 싼 편이다.

혼합간장 : 양조간장과 산분해간장을 섞어 만든 것으로 대부분 '진간장'으로 부른다. 보통 산분해간장 70%에 양조간장 30%를 섞어 만드는데 양조간장이 1%만 들어가도 혼합간장이라 부르는 만큼 성분 표시를 확인하도록 한다.

월요일	화요일	수요일	목요일	금요일
		1 (생일 밥상) 쌀밥 쇠고기미역국 가자미간장조림 고기완자전 매운잡채 배추김치 한입사과 개교 기념 및 생일 케이크 739.1 Kcal / 중국 장수면	**2 (개교기념일)**	**3 (개천절)**
6 들깨밥 모시조개두붓국 찹스테이크 콩나물김무침 국화전 배추김치 복숭아 629.5 Kcal / 중양절	**7** 발아현미밥 낙지연포탕 돼지두루치기 우엉땅콩조림 깻잎장아찌 게맛살양파샐러드 석류 627.8 Kcal / 석류	**8 (세계음식의 날)** 봉골레스파게티 미네스트라 카차토레 아티초크샐러드 수제오이피클 마르게리타 피자 토마토 732.4 Kcal / 이탈리아 음식	**9 (한글날)**	**10**
13 기장밥 순두부계란국 꽃게강정 쑥부쟁이무침 김치햄볶음 석류망고샐러드 생대추 628.1 Kcal / 쑥부쟁이	**14** 잡곡밥 사골우거짓국 고등어카레구이 어묵표고조림 천사채마요네즈무침 석박지 거봉 627.6 Kcal / 푸드 마일리지	**15 (향토음식의 날)** 전주비빔밥 순창약고추장 나주곰탕 신안홍어찜 완도김부각 돌산갓김치 고창복분자 나복병 698.2 Kcal / 전라도 음식	**16** 차수수밥 어묵김칫국 낙지볶음 메추리양송이조림 고구마순무침 옥수수전 멜론 632.2 Kcal / GMO 식품	**17** 약콩밥 시래기청국장 오리매콤주물럭 진미채검은깨볶음 상추치커리무침 보쌈김치 연시 622.3 Kcal / 감
20 통밀홍버섯밥 아욱수제비 조기살고추장조림 치커리찹쌀고기구이 모둠콩볶음 총각김치 배 629.8 Kcal / 장수 마을	**21** 보리밥 대구맑은탕 마파두부 브로콜리무침 김당과 배추겉절이 골드키위 623.2 Kcal / 마파두부	**22 (이벤트 밥상)** 짜장면 갑오징어샐러드 과일탕수 배추김치 독도쇼콜라 유기농요구르트 689.7 Kcal / 독도의 날	**23 (이벤트 밥상)** 팥밥 꽃게된장국 소불고기 말린 도토리묵볶음 숙주나물/미나리무침 배추김치 보쌈떡 귤 635.4 Kcal / 한식의 날	**24 (이벤트 밥상)** 김밥 꼬치어묵국 수제무사과초절임 배추미나리생채 피자맛떡볶음 순대강정 사과 651.2 Kcal / 사과데이
27 발아현미밥 감자애호박국 매운갈비찜 모둠해물잡채 피마자나물볶음 청경채오이무침 파인애플 621.9 Kcal / 갈비	**28** 흑미밥 두부전골 멸치크랜베리볶음 유채나물무침 유자청고구마맛탕 깍두기 멜론 628.5 Kcal / 고추	**29** 파인애플볶음밥 달걀국 새우찜 치자무가쓰오부시무침 배추김치 과일샐러드 삶은 밤 635.5 Kcal / 대하	**30** 기장율무밥 돈육김치찌개 갈치양념구이 무말랭이볶음 시금치버섯샐러드 오이양파채무침 단감 621.9 Kcal / 갈치	**31 (채식 식단)** 옥수수완두콩밥 호박죽 콩가스 두부숙주냉채 연근조림 마늘종장아찌 나박김치 포도 630.3 Kcal / 콩고기, 해초

OCTOBER

완연한 가을, 천고마비의 계절
높고 푸른 가을 하늘을 올려다보며 학생들에게
어떤 영양식을 만들어줄까 행복한 고민중…

10 01 Wed

오늘의 식단

- 쌀밥
- 쇠고기미역국
- 가자미간장조림
- 고기완자전
- 매운잡채
- 배추김치
- 개교 기념 및 생일 케이크
- 한입사과

739.1 Kcal

Today's Recipe

가자미간장양념구이
담백하고 달착지근한 맛

재료
가자미 50g, 밀가루 1.5g, 전분 1.5g, 굵은 소금 0.3g, 청주 1g, 식초 1g, 허브소금 0.1g, 콩기름 3g
양념장: 물 5g, 간장 2.5g, 마늘 1g, 생강 0.2g, 매실청 1g, 후춧가루 0.02g, 청주 1g, 실파 2g, 참기름 0.5g, 참깨 0.2g

만드는 법
1 가자미는 소금, 청주, 식초 물을 섞어 세척한 후 허브소금으로 밑간한다.
2 1에 밀가루와 전분을 묻혀서 기름에 튀긴다.
3 양념장 재료 중 먼저 물, 간장, 마늘, 생강, 매실청, 후춧가루, 청주를 넣고 끓이다 송송 썬 실파, 참기름, 참깨를 넣고 불을 끈다.
4 2에 3을 고루 끼얹는다.

오늘 급식은 10월 생일 밥상입니다. 가까운 나라 중국에서는 생일날 어떤 음식을 먹는지 알아볼까요?

중국의 장수면
끊이지 않고 길게 오래 오래~

중국은 우리나라와 지리적으로 가깝고 비슷한 문화를 가진 나라다. 중국에서도 생일에는 특별한 음식을 먹으며 축하하는 풍습이 있다. 대표적인 음식이 바로 국수다. 중국에서는 생일에 먹는 국수를 특별히 장수면(長壽面)이라 하는데, 국수처럼 길게 오래 살기를 바라는 마음을 담고 있다.

장수면의 기원은 2000여 년 전 한무제 시기로 거슬러 올라간다. 한무제는 관상술을 믿었는데, 대신들과 담소에서 "사람의 얼굴이 길면 수명도 길다고 하니 만약 사람의 얼굴이 1척(당시는 23cm)이면 100살까지 살 수 있다"고 강조했다. 중국어로 '면(面)'은 얼굴과 국수를 동시에 뜻하는 글자이다. 얼굴이 길면 장수한다 하였으니, 같은 한자어를 쓰는 긴 국수를 먹으면 장수에 도움이 될 거라는 생각으로 이때부터 생일에는 장수면을 먹었다고. 실제로 한무제는 70세까지 살아 한나라 시대에 제일 장수한 황제로 기록되었다.

장수면의 특징은 국수가 한 가닥으로 되어 있는 것이다. 끊이지 않고 길게 오래 오래 살라는 뜻을 담아 특별히 만든 국수이기 때문이다. 여기에 달걀을 삶거나 수란을 만들어 올려 먹는데, 확실한 유래는 없지만 동그란 달걀이 1년의 수명을 나타내는 의미를 담고 있다고 전해진다. 그런데 특이한 점은 대부분 두 알의 달걀을 국수 위에 올린다는 것. 중국 사람들은 예로부터 '좋은 일은 쌍으로 온다'는 속설을 믿기 때문에 짝수를 중시하는 습성이 있어 생일날 먹는 장수면에도 달걀을 두 개씩 올린다고 한다.

10 06 Mon

Today's Recipe

국화전
향긋한 꽃 냄새가 솔솔~

재료
식용 국화꽃 2송이(3g), 찹쌀가루 5.4g, 물 1.8g, 꿀 2g, 소금 0.1g, 식용유 2g

만드는 법
1. 찹쌀가루에 소금을 넣고 고운 체에 내려 뜨거운 물로 익반죽한다.
2. 1을 직경 5cm 정도로 둥글납작하게 빚는다.
3. 국화꽃은 세척한 후 물기를 제거한다.
4. 달군 팬에 식용유를 두르고 2의 반죽을 놓고 노릇하게 지지면서 앞면에 국화꽃을 하나씩 올려 장식한다.
5. 4에 꿀을 바르고 예쁘게 담는다.

629.5 Kcal

오늘의 식단

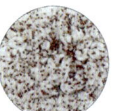
들깨밥

모시조개두붓국

찹스테이크

콩나물김무침

국화전

배추김치

복숭아

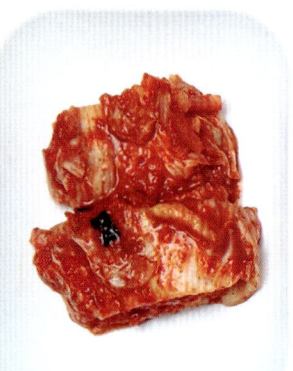

오늘의 급식 이야기

시를 짓고 국화전 먹는 날
중양절

중양절(重陽節)은 한국, 중국, 베트남, 일본 등 동아시아 지역에서 매년 음력 9월 9일에 지내는 세시 명절이었다. 예로부터 동아시아 지역에서는 홀수가 두 번 겹치는 날에는 복이 들어온다고 하여 음력 1월 1일(설), 5월 5일(단오), 7월 7일(칠석) 등을 명절로 지내왔다. 9는 양수(陽數)이기 때문에 9월 9일은 양수가 겹쳤다는 뜻으로 중양(重陽)이라 한다. 각 가정에서는 이날 추석에 지내지 못한 차례를 지내기도 하였는데, 특히 조상 중에 객사하여 제삿날을 모르는 사람이나 후손이 없는 사람들을 위해 제사를 올리기도 했다.

중양절에는 산에 올라가 시를 읊거나 산수를 즐겼다. 특히 국화를 이용해 담근 술이나 전을 부쳐 먹었는데, 여기에는 중국에서 전해 내려오는 재미있는 설화가 하나 있다. 옛날 중국에 미래를 내다보는 재주를 가진 장방이라는 사람이 살았다. 그는 환경이라는 사람에게 신세를 진 적이 있는데, 환경이 사는 마을에 큰 재앙이 닥칠 것을 직감했다. 이에 장방은 환경을 찾아가 9월 9일에 큰 재앙이 닥칠 것이니 주머니에 수유꽃을 넣고 높은 산에 올라가라고 했다. 산에 오르면 준비한 국화주를 마시고 쉬었다가 해가 진 후에 집에 돌아가라고 했는데, 장방의 말대로 하고 내려와 보니 집에 있던 가축들이 모두 죽어 있었다고 한다. 환경은 자신이 화를 면한 것이 장방의 묘책이었음에 감사하며 해마다 음력 9월 9일이 되면 국화주를 가지고 산에 올라가서 마셨고, 이것이 전해지면서 중양절에는 국화주를 마시는 풍습이 생겼다고 한다.

여기서 잠깐!
가을의 별식 '국화전'

늦가을에 찬 서리를 머금고 핀 노란 국화는 9월에 피는 꽃이라 하여 중양화(重陽花)라고도 한다. 관상식물로는 동양에서 가장 오래된 꽃에 속하며, 예로부터 선비들이 사군자(四君子)의 하나로 귀히 여겼고 약으로 쓰거나 국화전, 국화주를 빚는 데 이용되어 왔다.

중국 북송 때의 시인 소동파는 국화를 식품으로 다루고 있는데 "봄에는 싹을 먹고, 여름에는 잎을, 가을에는 꽃을, 겨울에는 뿌리를 먹는다" 하였다. 우리나라 또한 〈조선요리제법〉에 "국화전은 가을에 감국잎을 따서 맑게 씻고 찹쌀가루를 묻혀 끓는 기름에 띄워 지져서 계핏가루를 치고 놓는다"고 하여 예로부터 중양절에는 국화 보기를 즐기고 국화전과 국화주를 즐겨 마셨음을 알 수 있다.

10 07 Tue

627.8 Kcal

오늘의 식단
- 발아현미밥
- 낙지연포탕
- 돼지두루치기
- 우엉땅콩조림
- 깻잎장아찌
- 게맛살양파샐러드
- 석류

오늘의 급식 이야기

미녀로 만들어주는 과일
석류

우엉땅콩조림
오독오독 씹는 재미가 굿~

재료
우엉 10g, 생땅콩 10g, 포도씨유 1g, 참기름 1g, 참깨 0.02g, 식용유 적당량
조림장 : 물 8g, 간장 3g, 물엿 3g, 매실청 1g, 청주 1g

만드는 법
1 우엉은 가로세로 1cm 크기로 썰어 끓는 물에 살짝 데친다.
2 땅콩도 끓는 물에 한 번 데친다.
3 분량의 조림장 재료를 냄비에 넣고 2/3 정도가 될 때까지 조린다.
4 볶음 팬에 기름을 두르고 우엉과 땅콩을 넣고 볶다가 3을 붓고 자박하게 조린다.
5 4에 참기름을 두르고 참깨를 뿌려 마무리한다.

석류는 세계에서 가장 오래된 과일 중 하나로 원산지는 이란과 인도 북부다. 고대 이집트의 신화나 예술품에는 석류의 흔적이 글과 그림으로 남아 있는데, 이집트인들이 사막을 건널 때 갈증을 해소해준 고마운 열매도 바로 석류였다. 우리나라에는 고려시대에 중국을 거쳐 들어왔다고 전해지며 아시아 전역, 중동 지방, 지중해 연안, 미국 등에서 두루 생산하고 있다.

인류 문명의 역사와 함께 해온 석류는 그 모양과 효능 때문에 다산, 풍요, 부활의 상징으로 여겨졌다. 특히 석류의 씨는 개당 800여 개에 이르며, 씨 무게는 전체 무게의 절반이 넘는다. 씨가 많은 석류는 자연스레 다산을 상징하는 과일로 여겼다. 우리나라 전통 혼례복 문양을 보면 석류가 새겨진 것을 볼 수 있는데, 이 역시 자손이 번성하기를 바라는 마음에서 비롯된 것이라고 추측할 수 있다.

"미녀는 석류를 좋아해~"라는 CM송도 있었듯이 석류가 미녀들의 과일로 불리는 이유는 경국지색으로 이름을 떨친 중국의 양귀비와 이집트의 클레오파트라도 석류를 즐겨 먹었기 때문이다. 석류의 효능 중 무엇이 이처럼 여성들에게 좋은 작용을 하는 걸까?

석류에는 다양한 비타민이 함유돼 있다. 비타민 A, 비타민 C, 비타민 E 등 다양한 종류의 비타민이 들어 있어 피부 미용과 피로 해소에 좋다. 또 여성 호르몬과 유사한 성분의 천연 에스트로겐이 들어 있어 갱년기에 호르몬 문제로 고생하는 여성들에게도 좋다. 또 에스트로겐은 탈모 예방은 물론, 모발을 검고 탄력 있게 하는 콜라겐과 모발이 잘 결합할 수 있게 도와주는 역할도 한다.

석류의 영양과 효능을 극대화하기 위해서는 석류 씨와 껍질까지 함께 섭취해야 한다. 석류 씨에는 천연 에스트로겐 물질이 풍부하고 석류 껍질에는 동맥경화를 예방하는 항산화 물질인 타닌 등이 풍부하기 때문. 그런데 씨는 그렇다고 쳐도 석류껍질은 어떻게 섭취해야 할까. 생으로 먹기 어려운 석류껍질이나 씨는 깨끗하게 씻어 따뜻한 물에 우려내 차로 마시는 것이 좋다.

10 08 Wed

732.4 Kcal

오늘의 식단

봉골레스파게티

미네스트라(수프)

카차토레(닭조림)

아티초크샐러드

수제오이피클

마르게리타 피자

토마토

봉골레스파게티
해산물 듬뿍 들어간 담백한 면 요리

재료
스파게티 면 70g, 새우 10g, 바지락살 6g, 홍합살 6g, 오징어 10g, 양송이 10g, 양파 10g, 마늘 3g, 파슬리 0.3g, 허브소금 0.1g, 후춧가루 0.01g, 올리브유 2g, 버터 2g, 화이트와인 3g, 청주 1g, 월계수 잎 0.03g

만드는 법
1 스파게티 면은 끓는 물에 소금과 올리브유를 두르고 삶아 건진 후 버터와 올리브유로 버무려 코팅한다.
2 양송이는 썰어 살짝 볶고, 양파·마늘·파슬리는 곱게 다진다.
3 솥에 화이트와인, 청주, 월계수 잎을 넣고 끓으면 새우, 바지락살, 홍합살, 오징어를 데친다.
4 소스 팬에 올리브유와 버터를 두르고 화이트와인, 다진 양파, 다진 마늘을 넣어 볶다가 3의 해물 데친 물을 넣고 졸여 소스를 만든다.
5 달군 볶음 솥에 버터를 녹인 후 삶은 스파게티 면과 데친 해물을 넣고 볶다가 4, 화이트와인, 다진 파슬리, 후춧가루, 소금을 넣고 간을 맞춘 후 마무리한다.

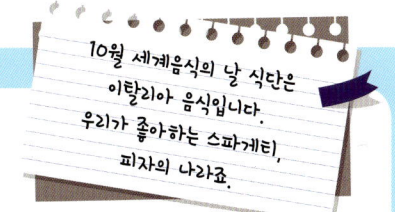

전 세계인이 사랑하는 이탈리아 음식

이탈리아는 1861년에 통일이 될 때까지 많은 국가로 나뉘어 있었기 때문에 요리도 각 지방에 따라 특색 있게 발전되어 왔다. 나폴리, 시칠리아 섬 등의 남부는 해안가라서 해산물 요리가 발달했으며, 맵고 짜고 강한 맛이 특징이다. 또 토마토를 많이 사용해서 토마토소스를 쓰는 피자와 파스타가 발달했다. 반면 베네치아와 볼로냐, 밀라노, 제노바를 포함하는 북부 지방은 알프스 산맥에 접하고 있어서 육류와 치즈를 이용한 요리가 많고, 남부보다 리소토와 같은 쌀 요리를 많이 먹는다.

봉골레스파게티 : 해산물이 많이 나는 이탈리아 남부 항구 지방에서 치즈에 싫증을 느낀 어부들이 바지락, 모시조개, 백합, 홍합 등 신선한 조개를 스파게티에 넣어 먹었던 것에서 유래했다.

마르게리타 피자 : 1889년 당시 최고의 요리사였던 돈 라파엘 에스폰트가 사보이의 여왕 마르게리타를 위해 만든 피자다. 도우 위에 바질, 모차렐라 치즈, 토마토를 이용해 이탈리아 국기를 상징하는 피자를 만들자 여왕은 매우 기뻐하였고 이후 사람들은 여왕의 이름을 따서 마르게리타 피자로 부르게 되었다.

미네스트라 : 이탈리아어로 '수프'를 의미하는 미네스트라는 채소와 고기를 넣고 뭉근하게 끓여 먹는 음식이다. 이탈리아 북쪽으로 올라갈수록 미네스트라를 즐겨 먹는데, 채소를 모두 갈아 부드러운 크림 스타일로 만들어 먹기도 한다.

카차토레 : 잘게 썬 버섯과 정향을 첨가한 토마토소스로 간을 맞춘 닭고기 요리다. 이탈리아에서는 토마토를 포모도로라고 하는데, 이는 '황금 사과'라는 뜻이다. 그 이유는 최초로 유럽에 도착한 토마토 품종이 노란색이었기 때문이라고 한다.

10 13 Mon

628.1 Kcal

오늘의 식단

기장밥

순두부계란국

꽃게강정

쑥부쟁이무침

김치햄볶음

석류망고샐러드

생대추

그리움을 간직한 풀
쑥부쟁이

쑥부쟁이에는 슬픈 전설이 깃들어 있다. 옛날 어느 마을에 아주 가난한 대장장이가 살고 있었다. 그에게는 11남매가 있었는데, 아무리 열심히 일해도 그들을 배불리 먹이는 건 매우 힘든 일이었다. 이 대장장이의 큰 딸은 쑥을 좋아하는 동생들을 위해 항상 들과 산을 돌아다니며 쑥을 캐왔다. 그걸 본 동네 사람들은 그녀를 '쑥을 캐러 다니는 불쟁이네 딸'이라는 뜻으로 쑥부쟁이라 불렀다.

어느 날 그녀는 쑥을 뜯으러 산에 올라갔다가 몸에 상처를 입고 쫓기는 노루 한 마리를 치료해주었다. 노루는 은혜를 꼭 갚겠다는 말을 남기고 사라졌다. 그리고 산 중턱쯤 내려왔을 때 한 사냥꾼이 멧돼지를 잡으려고 쳐놓은 함정에 빠져 허우적거리는 것을 또 도와주게 되었다. 노루를 쫓던 사냥꾼이었다. 그 사냥꾼은 쑥부쟁이에게 가을에 꼭 다시 찾아오겠다는 약속을 하고 서울로 떠났다.

쑥부쟁이는 가을이 오기만을 기다렸지만, 사냥꾼은 가을이 지나도록 나타나지 않았다. 쑥부쟁이의 그리움은 날이 갈수록 심해졌다. 게다가 어머니마저 병을 얻어 자리에 눕게 되자 쑥부쟁이의 근심은 이만저만이 아니었다. 쑥부쟁이는 산으로 올라가 산신령님께 기도를 드렸다.

그때 쑥부쟁이가 목숨을 구해준 노루가 나타나 노란 구슬 3개가 담긴 보라색 주머니를 주었다. 소원을 이루어주는 구슬이었다. 쑥부쟁이가 어머니의 병을 낫게 해달라는 소원을 빌자 순식간에 어머니의 병이 완쾌되었다. 그리고 사냥꾼이 나타나기를 빌자 곧바로 사냥꾼이 나타났다. 그러나 그 사냥꾼은 이미 결혼을 해 자식을 둘이나 둔 처지였다. 쑥부쟁이는 그를 다시 돌려보내기로 마음먹고 마지막 남은 구슬에 그가 돌아가서 행복하게 살기를 바라는 소원을 빌었다.

그 후에도 쑥부쟁이는 그 사냥꾼을 잊지 못해 결혼을 하지 못했다. 동생들을 위해 나물을 캐며 살던 쑥부쟁이는 어느 날 산에서 발을 헛디뎌 절벽 아래로 떨어져 죽고 말았다. 쑥부쟁이가 죽은 뒤 그 산에는 더욱 많은 나물이 무성하게 자랐다. 사람들은 쑥부쟁이가 죽어서까지 동생들의 주린 배를 걱정해 나물을 돋아나게 한 것이라며, 이를 쑥부쟁이라고 불렀다. 연한 보랏빛 꽃잎과 노란 꽃술은 쑥부쟁이가 살아서 지니고 다녔던 주머니와 소원 구슬의 색이며, 꽃대의 긴 목은 아직도 그 사냥꾼을 사랑하며 기다리고 있다는 표시라고 전해진다.

쑥부쟁이나물무침
비타민 A와 식이섬유 풍부한 반찬

재료
쑥부쟁이(삶은 것) 20g, 실파 1g, 마늘 g, 국간장 1g, 들기름 1g, 참기름 1g, 깨소금 0.1g

만드는 법
1 쑥부쟁이는 물기를 꼭 짠다.
2 실파와 마늘은 깨끗이 씻은 후 곱게 다진다.
3 1에 2와 국간장, 들기름, 참기름을 넣고 조물조물 무친다.
4 3에 참기름과 깨소금을 넣고 마무리한다.

10 14 Tue

Today's Recipe

천사채마요무침
고소하고 아삭아삭 신선한 식감

재료
천사채 30g, 사과 10g, 오이 8g, 파프리카 5g, 마요네즈 3g, 식초 1g, 설탕 1g

만드는 법
1. 천사채는 식초 물에 담갔다가 체에 밭쳐 물기를 뺀 후 5cm 길이로 썬다.
2. 사과, 오이, 파프리카는 깨끗이 씻은 후 채 썬다.
3. 1, 2의 재료를 섞고 마요네즈, 설탕, 식초를 넣어 살살 버무린다.

627.6 Kcal

오늘의 식단

잡곡밥

사골우거짓국

고등어카레구이

어묵표고조림

천사채마요네즈무침

석박지

거봉

오늘의 급식 이야기

생산자와 소비자의 거리
푸드 마일리지

푸드 마일리지는 식품이 생산된 곳에서 소비지까지 이동 거리를 말한다. 식재료가 생산, 운송, 소비되는 과정에서 발생하는 환경 부담의 정도를 나타내는 지표로 사용되며 1994년 영국 환경운동가 팀 랭(Tim Lang)이 창안한 것으로 알려졌다.

푸드 마일리지는 곡물과 축산물, 수산물 등 아홉 개 수입 품목을 대상으로 생산지에서 소비지까지 식품 수송량(톤)에 수송 거리(킬로미터)를 곱해 계산한다. 따라서 푸드 마일리지가 크면 클수록 운반, 저장, 포장에 많은 에너지가 필요하다는 의미로 해석할 수 있다.

우리나라의 푸드 마일리지는 갈수록 커지고 있다. 2012년 5월 환경부가 발표한 자료에 따르면 2010년 우리나라 국민 1인당 푸드 마일리지는 7085톤킬로미터로 2001년(5172톤킬로미터)보다 37%나 늘었다. 이는 조사 대상국인 한국, 일본, 영국, 프랑스 중 가장 높은 수치로, 739톤킬로미터를 기록한 프랑스의 10배에 달하는 수치다.

일본, 영국, 프랑스 모두 푸드 마일리지가 줄어들고 있지만, 우리나라의 푸드 마일리지는 계속해서 증가하고 있는 추세다. 식량자급률이 30%에 불과한 우리나라에서 유통되는 식품의 푸드 마일리지가 전반적으로 높은 것은 어떻게 보면 당연한 일이겠지만 그만큼 수입 제품을 많이 소비한다는 뜻으로도 볼 수 있다.

높은 푸드 마일리지는 환경에만 악영향을 미치는 것이 아니다. 우리 건강에도 피해를 준다. 신선한 식품보다 오래 묵은 식품, 제철 식품보다 장기 저장 식품을 섭취할 가능성이 커지기 때문이다.

건강과 환경을 위해 푸드 마일리지를 줄이려면 로컬푸드를 이용하는 것이 좋다. 로컬푸드를 이용하면 우리나라의 식량자급률을 높이고 지역 경제를 활성화하는 데 큰 도움이 된다. 또 제철 식재료를 적극 활용하는 것도 한 방법이다. 소비자가 제철 식재료를 선호하고 정당한 대가를 지불하면, 생산자는 비닐하우스에 투입하는 에너지를 절약할 수 있어 온실 가스를 감축할 수 있다.

10 15 Wed

오늘의 식단

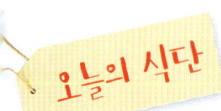
전주비빔밥

순창약고추장

나주곰탕

신안홍어찜

완도김부각

돌산갓김치

고창복분자

나복병(떡)

698.2 Kcal

Today's Recipe

재료
홍어 50g, 굵은소금 0.2g, 식초 0.5g, 청주 1g
양념장 : 간장 2.5g, 실파 2g, 마늘 1g, 고춧가루 1.5g, 매실청 1g, 청주 1g, 참기름 0.5g, 참깨 0.2g

만드는 법
1 홍어는 소금, 청주, 식초로 씻은 후 물기를 제거한다.
2 분량의 재료 중 실파와 마늘을 곱게 다진 후 나머지 재료를 섞어 양념장을 만든다.
3 코팅 팬에 홍어를 가지런히 담고 예열(콤비 220℃ 15분)한 오븐에서 조리(콤비 130℃ 20분)한다.
4 3에 2의 양념장을 얹고 다시 오븐에서 조리(콤비 130℃ 10분)한다.

홍어찜
홍어와 **달콤 짭조롬한** 양념의 만남

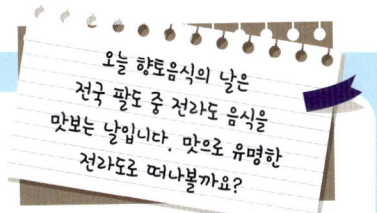

오늘 향토음식의 날은 전국 팔도 중 전라도 음식을 맛보는 날입니다. 맛으로 유명한 전라도로 떠나볼까요?

참 맛깔나고 다양한
전라도 음식

전라도는 한반도의 서남쪽에 자리 잡아 호남평야의 풍부한 곡식과 여러 가지 해산물·채소 등 재료가 풍부하며 다른 지방보다 음식의 종류가 많고 음식이 화려한 편이다. 전주, 광주, 해남 등 각 고을마다 부유한 토반이 대를 이어 살았고, 조선시대 양반풍이 남아 있어 음식 가짓수도 많고 유난히 정성이 들어간 음식이 많다. 또 남해와 서해가 접한 곳에 자리하기 때문에 해산물과 젓갈을 이용한 음식이 많고, 기후가 따뜻해 간이 세고 다소 자극적인 편이다.

대표적인 주식류에는 전주비빔밥·콩나물국밥·피문어죽·합자(홍합)죽·고동칼국수 등이 있다.

반찬류 중에는 광주애저찜이 유명한데 6~7개월 된 새끼돼지의 내장을 빼고 배 안에 꿩고기, 닭고기, 두부, 무 등을 양념하여 볶은 것을 채우고 통째로 찐 것이다. 아저(兒猪)를 먹는 것이 안쓰럽다 하여 슬플 애(哀)자를 써서 애저라고 하였으며 여름철 보양식으로 많이 먹었다. 또 영암어란은 5월경 숭어의 알을 꺼내 집에서 담근 간장으로 간을 한 후 참기름을 발라가며 한 달에 걸쳐 그늘에서 말리는 정성 어린 음식이다. 최고의 술안주로 손꼽혔던 것은 물론, 임금님께 진상되던 음식이기도 했다.

전라도에서 잔치할 때 꼭 들어가는 음식 중 하나가 바로 홍어다. 톡 쏘는 맛에 막걸리를 곁들인 '홍탁'은 천하일품. 전라도 사람들은 홍어의 맛을 1.코 2.홍어보리앳국 3.삼합 4.찜 5.무침 순으로 매기기도 한다.

10 16 Thu

오늘의 식단

- 차수수밥
- 어묵김칫국
- 낙지볶음
- 메추리양송이조림
- 고구마순무침
- 옥수수전
- 멜론

632.2 Kcal

오늘의 급식 이야기

반드시 알아야 할 상식
유전자 재조합(GMO) 식품

옥수수전
옥수수 알갱이가 **입 안에서 톡톡**

재료
옥수수(통조림) 12g, 옥수수 가루 10g,
부침가루 5g, 식용유 1.5g

만드는 법
1 옥수수는 타공 팬에 담고 물을 부어 단물을 제거한다.
2 1의 옥수수, 옥수수 가루, 부침가루, 물을 섞어 반죽을 만든다.
3 부침 팬에 식용유를 두르고 2의 반죽을 동그랗게 부친다.

유전자 재조합 식품에 대한 논란이 뜨겁다. 유전자 재조합 식품을 상업화한 지 불과 20여 년 밖에 지나지 않았는데 생산과 소비는 놀라울 정도로 빠르게 확대되고 있다. 우리나라는 유전자 재조합 농산물을 직접 재배하지는 않지만 수입량이 전 세계 2위로 소비자들은 알게 모르게 이미 많은 유전자 재조합 식품을 접하고 있다.

식품의약품안전처에 따르면 우리나라는 콩, 옥수수, 면화, 카놀라, 사탕무, 감자, 알팔파 등 116종의 농산물과 리파아제, 리보플라빈 등 식품첨가물 17종을 국내에 유통하고 있는 것으로 나타났다. 우리나라는 2013년 기준으로 900만 톤 가까이 유전자 재조합 식품을 수입했는데 그중 식용이 170만 톤, 사료가 720만 톤 정도 되는 것으로 파악하고 있다. 우리나라가 이렇게 수입을 많이 할 수밖에 없는 이유는 국내 식량자급률이 2013년 기준으로 약 30% 밖에 되지 않기 때문이다. 따라서 우리나라는 식용유, 간장의 원료가 되는 콩과 음료수에 들어가는 당류 등의 원료를 대부분 수입에 의존할 수밖에 없는 실정이다.

유전자 재조합 식품은 급속하게 늘어나는 인류의 생존을 위해 등장한 새로운 식품 대안 중 하나인데, 논란이 되고 있는 이유는 안전성 때문이다. 현재 전 세계적으로 유전자 재조합 식품에 관한 위해성이나 안전성은 과학적으로 확인되지 않은 상태다. 그러나 그것을 섭취했을 때 나타날 수 있는 위해 가능성에 대해서는 의견이 분분하다. 인위적으로 DNA를 조작했기 때문에 어떤 부작용이 발생할지 아무도 그 결과를 예측할 수 없다는 것이 반대하는 사람들의 핵심 주장이다. 반면 찬성하는 과학자들은 철저하게 안전성 검사를 거쳤기 때문에 유전자 재조합 식품에 대한 무조건적이고 부정적인 편견은 버려야 한다는 입장이다.

이렇게 논란이 분분한 가운데 소비자가 취해야 할 입장은 일단 정확히 알고 먹는 것이다. 아쉬운 점은 우리나라의 경우 유전자 재조합 식품 표시에 대한 예외 조항이 많아 시중에 판매하는 대부분의 제품이 유전자 재조합 식품 표기를 확실히 하고 있지 않은 실정이라는 것. 그렇기 때문에 제품을 선택할 때 주재료가 유전자 재조합 농산물에 포함되는 것인지, 주재료의 원산지가 국산인지 유전자 재조합 농산물 수확률이 높은 국가인지부터 꼼꼼하게 확인할 필요가 있다.

10 17 Fri

오늘의 식단

약콩밥

시래기청국장

오리매콤주물럭

진미채검은깨볶음

상추치커리무침

보쌈김치

연시

622.3 Kcal

오늘의 급식 이야기

말랑말랑 달콤한 가을 과일
감

상추샐러드
싱그러운 채소가 식판에 가득

재료
상추 4g, 치커리 4g, 노랑 파프리카 3g,
적양파 3g, 부추 1g
소스 : 까나리액젓 0.5g, 마늘 0.5g, 식초 0.5g,
매실청 1g, 설탕 1g, 참기름 0.5g, 소금 0.1g

만드는 법
1 모든 채소는 소독한 후 깨끗이 세척한다.
2 상추와 치커리는 먹기 좋은 크기로 썬다.
3 부추는 3cm 길이로 썰고 적양파와 파프리카도 채 썬다.
4 소스 재료 중 마늘은 믹서에 곱게 간다.
5 4과 나머지 소스 재료를 잘 섞어 드레싱 소스를 만든다.
6 채소와 소스를 고루 버무린다.

감은 "콩 심은 데 콩 나고 팥 심은 데 팥 난다"는 진리를 거부하는 과일이다. 감의 씨앗을 심으면 감나무가 나지 않고 대신 고욤나무가 난다. 그래서 3~5년쯤 지났을 때 기존의 감나무를 잘라서 이 고욤나무에 접을 붙여야 그 다음해부터 감이 열린다.

감나무는 떫은 감이 점차 익으면서 과육이 부드럽게 물러지는 떫은감나무와, 단단하지만 달콤한 맛이 나는 단감이 열리는 단감나무로 크게 나뉜다. 우리나라 전통감은 떫은 감이며 단감은 일본에서 들어왔다. 감은 공 모양, 도토리 모양, 납작한 것, 네모난 것 등 여러 형태가 있고 대체적으로 엷은 오렌지색에서 진한 주황색을 띤다. 씨와 꽃받침을 제외한 나머지 부분을 먹는데, 떫은 감은 젤리처럼 물렁물렁한 홍시가 된 후에야 먹을 수 있고, 단감은 사과처럼 아삭아삭한 상태로 먹는다. 떫은 감은 표피를 깎아 매달아 말려서 곶감으로 만들어 먹기도 하는데, 꾸덕꾸덕하게 말리면 떫은맛은 사라지고 달콤한 맛과 쫄깃한 식감만 남는다.

감의 떫은맛은 타닌에서 나온다. 타닌은 장의 점막을 수축시켜 설사를 멈추게 하고, 지혈 작용을 해 위궤양 치료에도 유익하다. 그러나 주의해야 할 점은 수용성인 타닌이 다른 성분과 잘 반응한다는 것. 특히 철분과 결합해 체외로 함께 배출되기 때문에 빈혈 환자나 몸이 찬 사람은 감 섭취를 자제할 필요가 있다.

또 게장과 감은 상극의 궁합을 가진 음식으로 함께 먹으면 좋지 않다. 두 가지 음식 모두 찬 음식이라 복통과 설사를 일으키기 때문. 1724년 즉위한지 4년 만에 사망한 경종도 세제였던 연잉군(훗날 영조)이 올린 게장과 감을 먹고 난 후 복통과 설사를 일으켰으며 결국 5일 만에 숨을 거두고 말았다고 조선왕조실록은 기록하고 있다. 게장과 감을 함께 먹는다고 꼭 사망에 이르는 것은 아니지만, 소화기 계통이 약한 사람에게는 치명상을 입힐 수 있으니 주의하는 것이 좋다.

감은 비타민 C가 풍부해서 감기 예방에 좋고, 눈의 피로를 해소하는 데도 도움이 된다. 또 감에 들어 있는 스코폴레틴이라는 성분은 콜레스테롤 수치를 낮춰주고 콜레스테롤을 흡착해 몸 밖으로 배출하는 역할을 한다.

10 20 Mon

629.8 Kcal

오늘의 식단

통밀홍버섯밥

아욱수제비

조기살고추장조림

치커리찹쌀고기구이

모둠콩볶음

총각김치

배

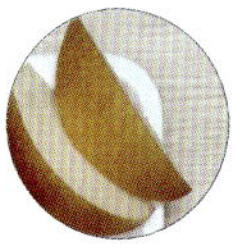

오늘의 급식 이야기

장수 마을의 건강 음식

장수하기 위해 어떻게 먹고 살아야 하는지에 대한 조언이 담겨 있는 댄 뷰트너의 저서 〈더 블루 존스 솔루션〉. 저자는 전 세계에서 100세 이상 장수하는 사람이 많은 지역 5곳을 중심으로, 뭘 먹고 어떻게 사는지에 대해 집중적으로 탐사했다. 이를 토대로 식품 정보 사이트인 '델리쉬닷컴'이 세계적인 장수 지역 5곳에서 주로 먹는 음식 등을 소개했다.

그리스 이카리아 : 감자, 염소젖, 꿀, 콩류, 약초, 레몬, 페타치즈, 과일, 생선

일본 오키나와 : 여주, 두부, 마늘, 현미, 녹차, 표고버섯

이탈리아 사르디나 : 염소젖, 양유치즈, 발효빵, 보리, 펜넬, 잠두콩, 병아리콩, 토마토, 아몬드, 밀크 씨슬 차, 와인

미국 캘리포니아주 & 로마 린다 : 두부, 아보카도, 연어, 견과류, 콩류, 오트밀, 통밀빵, 두유

코스타리카 니코야 반도 : 달걀, 옥수수, 호박, 파파야, 얌, 바나나, 복숭아, 야자

이상의 식품과 함께 이 지역 사람들의 식습관 3가지도 소개했는데 '위가 80% 정도 찰 만큼 식사한다', '저녁이나 밤에는 하루의 식사 중 가장 적은 양을 섭취한다', '채소와 특히 콩류를 많이 먹고 육류는 한 달에 5번 정도 소량 섭취한다' 등이다.

건강한 장수를 위한 10계명

1 소금을 적게 먹는다. / 2 동물성 지방은 적당히 먹는다.
3 채소나 과일은 많이 먹는다. / 4 우유, 치즈, 요구르트를 먹는다.
5 질 좋은 단백질이나 타우린이 풍부한 식품을 먹는다.
6 편식하지 않고 여러 음식을 균형 있게 먹는다.
7 음식 속 영양 성분을 알고 몸에 좋은 식사법을 배운다.
8 알맞은 운동을 하거나 일을 한다.
9 가족, 사회와의 연계를 소중히 하고 함께 식사한다.
10 사소한 일에 구애 받지 말고 명랑하고 즐겁게 보낸다.

Today's Recipe

콩조림
'밭에서 나는 소고기'로 만든 일품 반찬!

재료
강낭콩 2g, 검은콩 2g, 노란콩 2g, 찹쌀콩 3g, 완두콩 2g, 건다시마 0.3g, 간장 3g, 청주 1g, 매실청 0.5g, 물엿 2.5g, 참기름 1g, 참깨 0.2g

만드는 법
1 검은콩과 노란콩은 씻어 물에 불린다.
2 강낭콩, 완두콩, 검정콩, 노란콩을 각각 따로 삶는다.
3 다른 냄비에 물과 다시마를 넣고 한소끔 끓으면 다시마는 건지고 삶은 콩을 넣어 간장, 청주, 매실청으로 조린다.
4 간이 배면 물엿을 넣어 더 조린 후 찹쌀콩과 참기름으로 향을 내고 참깨를 뿌린다.

여기서 잠깐! 아이들과 '절친'이 되어야 할 '브레인 푸드' 콩

어느 음식이나 마찬가지만 콩을 멀리하는 자녀에게 "몸에 좋으니 많이 먹어야 돼"라고 무조건 권유하는 것은 편식 개선에 효과가 거의 없다. 아이들은 당연히 몸에 좋은 것보다 맛있고 재미있는 것을 선호하기 때문이다. 그래서 많은 영양 선생님들이 영양교육을 할 때 영양 성분을 강조하기 보다는, 직접 만져보게 하고 몸에 어떻게 좋은지 발표하게 하고 더 맛있게 먹는 법을 알려준다. 예를 들면, 아이들은 콩보다 두유를 상대적으로 더 좋아하는 경향이 있기 때문에 두유를 사용해 직접 스파게티를 만들어보게 하거나 두부와 토핑을 함께 얹어 피자를 조리하도록 하면 콩의 맛과 재미를 몸으로 익힐 수 있다. '콩 맛'에 익숙해지도록 지도하는 것. 권유보다 체험이 가장 좋은 방법이다.

10 21 Tue

마파두부

보리밥과 잘 어울리는 감칠맛 일품 두부!

재료

두부 40g, 쇠고기 20g, 홍고추 1g, 청고추 1g, 생강 0.5g, 마늘 1g, 대파 1g, 식용유 0.5g, 참기름 0.5g, 전분 0.3g, 건다시마 약간
양념 : 고추장 3g, 두반장 3g, 굴소스 0.5g, 간장 0.5g, 청주 1g, 설탕 1g, 후춧가루 0.01g

만드는 법

1. 두부는 가로세로 1.5cm 크기로 썰고 끓는 물에 소금을 넣어 데친다.
2. 쇠고기는 가로세로 1cm 크기로 잘게 썬다.
3. 홍고추, 청고추는 0.5cm 크기로 썰고, 생강, 파, 마늘은 다진다.
4. 간장, 두반장, 굴소스, 고추장, 설탕, 물엿, 후춧가루를 넣어 양념장을 만든다.
5. 솥에 식용유를 두르고 생강, 마늘, 파 다진 것을 먼저 볶아서 향을 낸 뒤 쇠고기를 넣어 볶는다.
6. 5에 다시마물을 넣고 끓기 시작하면 4의 양념장을 넣고 끓인다.
7. 6에 두부, 홍고추, 청고추를 넣고 부서지지 않게 살살 버무리듯 섞은 후 전분으로 농도를 맞추고 참기름으로 향을 낸다.

오늘의 식단

- 보리밥
- 대구맑은탕
- 마파두부
- 브로콜리무침
- 김당과
- 배추겉절이
- 골드키위

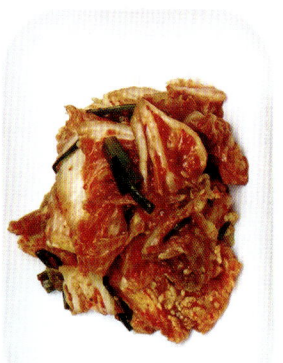

오늘의 급식 이야기

얼얼하게 매운 맛 중국식 마파 두부 요리

623.2 Kcal

마파두부는 중국 사천 지방을 대표하는 요리로 고추기름에 다진 돼지고기, 청고추, 홍고추를 넣고 볶다가 중국식 고추장인 두반장과 두부를 넣어 졸인 음식이다. 매콤하고 칼칼한 특유의 소스 맛이 일품. 두부와 돼지고기로 고단백질을 섭취할 수 있어 영양 만점이다.

마파는 얽었다 '마(麻)'와 할머니 '파(婆)'의 한자어가 결합돼 만들어진 것으로, 얼굴에 얽은 자국이 있던 할머니가 만든 음식이라고 해석할 수 있겠다. 마파두부는 청나라 말기 동치제 때 쓰촨(사천)성의 중심지인 청뚜(성도)에서 처음 선보인 것으로 150여 년의 역사를 지녔다.

마파두부에 대한 유래는 여러 가지 설이 있는데 그중 진마파두부에 관한 이야기가 가장 유명하다. 청나라 말기인 18세기 말, 청뚜에 '만보장원'이라는 간장집이 있었는데, 주인에게는 딸이 하나 있었다. 어렸을 적 천연두를 앓아 얼굴이 살짝 얽은 곰보였던 그녀는 이웃마을에 사는 진춘부라는 사람에게 시집을 갔고 남편의 성을 따라 이름 앞에 '진'자를 붙였으며, 사람들은 그녀의 얼굴에 곰보 자국이 있다고 '진마파'라 불렀다. 진춘부는 만복교라는 다리 밑에서 기름 장사를 했는데 가게가 다리 길목에 자리 잡고 있어 친구들이 자주 들락거렸다. 진마파는 남편의 친구들이 음식을 부탁하면 주방에 있는 두부와 고기, 고추, 후춧가루, 고추기름을 섞어 매콤한 두부 요리를 만들었는데 이를 맛본 친구들이 모두 좋아했다. 그러던 어느 날 남편인 진춘부가 사고로 죽자 진마파는 생계를 위해 음식점을 냈고 남편과 친구들이 즐겨 먹던 두부 요리를 만들어 팔았다. 이때부터 마파두부라는 음식이 맛있다고 유명해지며 오늘날까지 청두 지역의 대표 음식으로 전해지게 되었다.

중국의 마파두부는 얼얼한 맛을 내는 초피와 매운맛을 내는 홍고추를 듬뿍 넣지만 현재 우리가 먹는 한국식 마파두부는 초피를 소량만 첨가해 얼얼함보다는 매운맛을 살린다. 중국 사천성의 마파두부는 얼얼한 맛과 매운 맛이 하나라도 부족하면 진정한 마파두부라고 칭하지 않을 정도로 초피와 홍고추를 많이 사용하는 것이 특징이라고. 우리나라는 청양고추를 사용하기도 하며 중국의 것보다 소스를 좀 더 졸이는 경우도 있다.

10 22 Wed

689.7 Kcal

오늘의 식단

짜장면

갑오징어샐러드

과일탕수

배추김치

독도쇼콜라

유기농요구르트

Today's Recipe

갑오징어샐러드
쫄깃쫄깃, 아삭아삭한 식감의 앙상블

재료
갑오징어 30g, 청오이 10g, 어린잎채소 3g
소스 : 마늘 1g, 올리브오일 1g, 식초 0.5g, 매실청 0.5g, 레몬즙 1g, 설탕 1g, 소금 0.1g

만드는 법
1 갑오징어는 물에 데쳐 식힌다.
2 모든 채소는 깨끗이 세척한다.
3 오이는 동근 모양이 나도록 편으로 썰고 마늘은 믹서에 간다.
4 식초, 설탕, 소금, 레몬즙, 매실청, 마늘을 섞은 드레싱 소스를 만들어 갑오징어에 곁들인다.

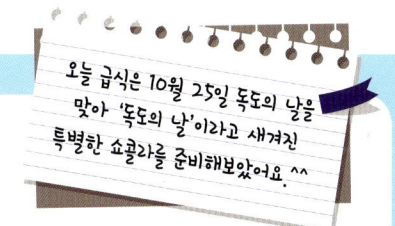

오늘 급식은 10월 25일 독도의 날을 맞아 '독도의 날'이라고 새겨진 특별한 쇼콜라를 준비해보았어요. ^^

10월 25일은 독도의 날

'**독도는 우리땅**'의 가사가 새롭게 느껴지는 날이다. "울릉도 동남쪽 뱃길 따라 이백 리, 외로운 섬 하나 새들의 고향, 그 누가 아무리 자기네 땅이라고 우겨도 독도는 우리 땅."

우리는 언제까지 독도를 두고 말도 안 되는 소모전을 펼쳐야 하는 것일까. 아무리 역사적, 국제법적, 지리적 이유 등 구체적인 증거를 내세워 기꺼이 설명을 해주어도 도무지 알아듣지 못하는 일본의 태도에 어이가 없을 뿐이다. 1454년에 편찬한 〈지리지〉에 따르면, "우산(于山)과 무릉(武陵) 두 섬이 현의 정동쪽 바다 가운데 있다. 두 섬은 서로 멀리 떨어져 있지 않아, 날씨가 맑으면 바라볼 수 있다. 신라 때에 우산국 또는 울릉도라 하였다"고 기술돼 있다. 또 1770년 〈동국문헌비고〉에는 "여지지에 이르기를, 울릉과 우산은 모두 우산국의 땅인데, 우산은 일본이 말하는 송도(松島)라고 하였다"고 쓰여 있다. 우산이란 독도를 말한다. 이 같은 기록은 고증의 일부일 뿐, 독도가 우리 땅인 증거는 이 외에도 많다.

반면, 일본의 지도와 문헌은 어떤 것도 독도가 일본 땅이라고 기술한 것이 없다. 1905년 러일전쟁 때 군사적 목적으로 독도를 침탈하고 다케시마라고 명명했지만, 독도는 이미 우리나라가 삼국시대부터 우리 영토로 관리해온 곳이다. 현재 독도에는 우리 경찰이 상주해 독도를 경비하고 있으며, 우리 군이 독도 영해와 영공을 수호하고 있다. 또 독도 관련 각종 법령을 시행하고 등대 등 여러 가지 시설물을 설치·운영하며 결정적으로 우리 주민이 독도에 거주하고 있다. 이제까지 당연히 우리 땅이라는 생각에 미온적 대처를 해왔다면 이제라도 일본의 도발에 엄중하고 단호하게 대처해 눈뜨고 당하는 일이 없어야 할 것이다.

10 23 Thu

오늘의 식단

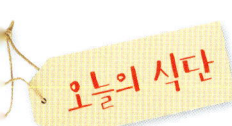
팥밥

꽃게된장국

소불고기

말린 도토리묵볶음

숙주나물/미나리무침

배추김치

보쌈떡

귤

635.4 Kcal

말린 도토리묵볶음
참기름 향 솔솔 나는 꼬들꼬들 묵 요리

재료
말린 도토리묵 8g, 양파 5g, 빨강파프리카 2.5g, 노랑파프리카 2.5g, 마늘 1g, 실파 1g, 참기름 1g, 참깨 0.2g, 매실청 1g, 간장 1g, 소금 0.1g, 식용유 2g

만드는 법
1. 말린 도토리묵은 끓는 물에 30분 정도 데친 후 그대로 1시간 정도 불리고 체에 밭쳐 물기를 제거한다.
2. 1의 묵에 소금, 참기름으로 밑간 한다.
3. 채소는 깨끗이 씻은 뒤 채 썬다.
4. 볶음 팬에 식용유를 둘러 다진 마늘을 볶다가 향이 나기 시작하면 간장, 매실청, 묵, 양파, 파프리카를 넣어 볶고 소금으로 간한다.
5. 4에 참기름을 넣어 향을 내고 실파, 참깨를 뿌려 마무리한다.

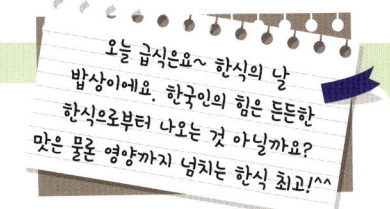

10월 23일은
한식(韓食)의 날

한식의 날은 (사)대한민국한식협회와 (재)한국음식문화재단이 주관해 2013년 10월 23일 제1회 한식의 날 기념행사를 개최하며 시작됐다. 우리나라의 식단인 한식은 밥과 여러 가지 반찬이 함께 나오는 균형식으로 채소와 고기의 비율이 8:2인 황금비율. 계절에 따라 자연에서 얻는 재료를 최대한 활용하니 자연 친화적이고 음식 종류가 풍성하다. 김치와 청국장을 비롯해 건강에 좋은 발효음식이 발달했고 육류를 삶고 찌며, 생선을 찜·조림·회로 이용하는 등 조리법도 건강 친화적이다. 국이나 찌개에는 다양한 채소를 넣고 푹 익혀 먹음으로써 짜게만 먹지 않는다면 식물 영양소를 충분히 섭취할 수 있다. 한 마디로 말해서 기름지고 짠 패스트푸드가 아니라 세계적 트렌드인 슬로푸드인 셈.

그러나 아이들은 치킨 같은 튀김 요리에 청량음료 먹는 것을 좋아하고 가정에서도 라면 등의 인스턴트음식을 접하는 경우가 많다. 이 같은 식습관은 영양의 균형을 깨뜨려 성장을 저해하고, 높은 칼로리로 성인병을 유발할 가능성이 높아 가정과 학교에서의 지속적인 지도가 필요하다.

해외 선진국에서는 패스트푸드에 익숙한 식생활 대신 자국의 전통 음식에 대한 자긍심도 높이고 건강한 식생활을 누릴 수 있도록 아이들을 위한 미각·식생활 교육에 적극 나서고 있다. 프랑스의 경우 '미각 주간' 운동을 실시, 이 행사가 열리는 주엔 전국의 베테랑 요리사 3500명이 직접 초등학교를 찾아가 미각 조리 수업(요리실습·시식회)을 한다. 이 행사에서는 조부모와 손자·손녀가 한 조가 돼 요리의 맛과 솜씨를 겨룬다. 일본과 미국도 다양한 정책을 마련해 어린이 식생활 교육에 힘을 쏟고 있다.

10 24 Fri

오늘의 식단

김밥

꼬치어묵국

수제사과초절임

배추미나리생채

피자맛떡볶음

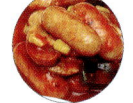
순대강정

사과

651.2 Kcal

Today's Recipe

재료
사과 14g, 무 14g, 오이 8g, 설탕 5g, 식초 5g, 청주 5g, 소금 0.5g, 월계수 잎 0.05g, 물 10g

만드는 법
1 사과, 무, 오이를 깨끗이 씻어 먹기 좋은 크기로 썬다.
2 물, 설탕, 식초, 청주를 2:1:1:1 비율로 섞고 소금, 월계수 잎을 넣어 함께 끓인다.
3 볼에 1과 2를 넣고 완전히 식으면 냉장 보관해 2~3일 뒤 먹는다.

수제사과초절임
침샘을 자극하는 새콤달콤 피클

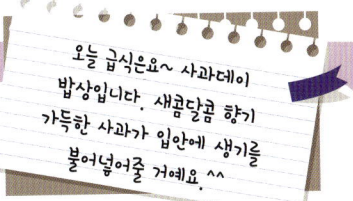

오늘 급식은요~ 사과데이 밥상입니다. 새콤달콤 향기 가득한 사과가 입안에 생기를 불어넣어줄 거예요. ^^

10월 24일은 사과데이,
사과(Apple)로 사과(Apology)합시다~

사과데이 10월 24일은 사과 향기가 그윽한 10월에 '둘(2)이 사과(4)하고 화해하는 날'을 의미한다. 학교폭력대책국민협의회를 비롯한 시민단체가 학생, 교사, 학부모 등을 대상으로 화해와 용서의 운동을 벌이자는 취지로 정한 날이다. 가족, 친구, 선생님, 이웃 등 주변 사람들과 오해나 미움의 감정을 털어버리고 사랑의 마음을 맛있는 사과로 대신 전하자는 것. 최근 학교에서는 사과의 영양에 대해서 배우고, 인성도 함양하는 '사과데이'를 운영하는 경우가 늘고 있다. 평소 사과하고 싶은 사람에게 마음을 담은 편지를 써서 사과와 함께 전해줌으로써 즐겁고 행복한 학교생활을 만드는 기회로 삼는 것이다. 물론 영양이 풍부한 제철 과일인 사과를 소비함으로써 과수농가를 돕는다는 것도 큰 이유다.

사과는 전 세계적으로 1000종에 달하는 대중적인 과일. 우리나라에서는 500여 종이 재배되고 있다. 최근 사랑 받는 대표적 사과 품종을 살펴보면, 먼저 파란 사과인 '아오리' 사과의 정식 명칭은 쓰가루 사과라고 하는데 아삭하고 새콤달콤하면서도 단맛이 강한 여름 사과다. '홍로'는 1988년에 우리나라 원예연구소에서 최종 선발된 품종으로 전국 재배가 가능하며 9월 중순에 수확이 가능해 추석용 대표 사과다. '시나노 스위트'는 9월 하순~10월 상순에 수확하는데 맛과 향이 뛰어나지만 저장 기간이 짧다는 게 단점.

붉고 구슬처럼 둥근 '홍옥'은 선명한 붉은색과 짙은 향이 특징이지만, 단맛보다 신맛이 강하고 병충해에 약하며 수확 전에 낙과가 심해 지금은 겨우 명맥만 유지하고 있다. '부사'는 가장 많이 생산되는 품종으로 일본 과수시험장에서 1939년 국광에 딜리셔스 교배를 시작해 1962년 최종 선발된 품종이다. 육질이 치밀하고 과즙이 많으며, 우리나라 전체 사과 생산량의 절반 이상을 차지하는 국민 사과라고 할 수 있다.

10 27 Mon

오늘의 식단

621.9 Kcal

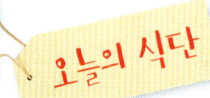
발아현미밥

감자애호박국

매운갈비찜

모듬해물잡채

피마자나물볶음

청경채오이무침

파인애플

뜯고 씹고 맛보고 즐기는 갈비

갈비는 특별한 날 한국인의 밥상에 빠지지 않는 그야말로 '스페셜 메뉴'다. 하지만 갈비라고 똑같은 갈비가 아니다. 지역마다 최고의 맛을 자랑하는 다양한 갈비를 살펴보자.

LA갈비 : 갈비뼈째 측면으로 자른다고 해서 lateral(측면)의 약자를 따 LA갈비라고 부른다. 이름 탓에 LA에서 수입한 미국산 갈비가 아니냐는 얘기를 많이 하지만 이것도 아주 틀린 말은 아니다. 농협중앙회 식육위생교육원에 따르면, 미국인들은 원래 갈비를 즐겨 먹지 않았는데 LA에 모여 살던 한국 교포들이 구이로 먹기 시작하면서 국내로 역수입된 것이라고 한다.

안의갈비찜 : 경남 함양군 안의마을에서 30년 넘게 이어오고 있는 전통음식. 함양에는 임금님이 내린 효자비가 있다. 함양의 가난한 선비가 눈먼 어머니를 위해 백정을 자처하고 매일 품삯 대신 소의 간을 받아다 봉양하였다. 그렇게 1000일이 되던 날 큰비가 내려 효자가 강을 건너지 못하게 되었는데 갑자기 강이 갈라져 무사히 건넌 효자가 어머니께 간을 봉양하자 기적처럼 눈을 떴다는 것. 이렇게 백정 효자의 전설이 있는 안의면은 과거 영남지방의 중심 도시로, 함양 읍내보다 더 큰 우시장이 서던 곳이었다. 지금은 우시장이 사라졌지만 갈비는 여전히 특별한 음식으로 남아 있다. 이곳의 갈비가 너무 맛있어 타지방의 부군수가 출근하다시피 하자 이를 알게 된 언론에서 비난 기사를 싣는 바람에 전국적 유명세를 타게 되었다는 이야기가 전해진다.

이동갈비 : 군부대 밀접 지역인 경기도 포천시 일동면과 이동면 일대에서 돈 없는 군인을 상대로 조각 갈비 열 대를 1인분으로 해 싸게 많이 판 것에서 비롯했다. '이동'이라는 이름은 갈비를 이쑤시개에 꽂아 연결시키는 방식을 뜻하기도 한다.

떡갈비 : 잘게 다진 갈빗살을 반듯한 모양으로 만들어 양념해 석쇠에 굽는 것으로 본래 궁중에서 즐기던 요리다. 인절미 치듯이 만들어 떡갈비라 부르게 되었다는 설이 있고, 갈비살을 다진 후 갈비뼈에 도톰하게 붙여 석쇠에 구운 갈비 모양이 마치 떡처럼 생겼다고 해서 붙여졌다고도 전해진다. 현재 떡갈비의 고장이라고 하면 전라남도 담양·광주·송정, 경기도 광주를 꼽는다.

매운갈비찜
푸짐한 돼지고기에 **매콤한 양념이 쏙쏙!**

재료
돼지갈비 80g, 홍고추 0.8g, 청고추 0.8g, 월계수 잎 0.02g
양념 : 마늘 1g, 생강 0.3g, 양파 5g, 대파 1g, 파인애플 2g, 간장 2g, 고추장 3g, 고춧가루 0.5g, 물엿 3g, 매실청 1g, 흑설탕 1g, 청주 1g, 후춧가루 0.03g, 참기름 1g

만드는 법
1. 돼지갈비는 가로세로 4cm, 두께 1.5cm로 자르고 물을 넉넉하게 부어 핏물을 뺀다. 핏물이 빠지면 끓는 물에 넣어 살짝 데친다.
2. 양파, 파인애플, 마늘을 믹서에 간다.
3. 대파, 홍고추, 청고추는 어슷하게 썬다.
4. 냄비에 1의 갈비와 월계수 잎, 분량의 양념 중 1/2을 넣고 재료가 잠길 정도로 물을 부은 뒤 강한 불에서 끓이다가 중간 불로 낮춰 끓인다.
5. 국물이 반쯤 줄었을 때 남은 양념장을 넣고 끓인다.
6. 갈비에 양념이 고루 배도록 끼얹어가며 조린 뒤 홍고추와 청고추를 넣어 마무리한다.

여기서 잠깐! 핏물 제거는 갈비만?!
갈비는 보통 본격적으로 조리하기 전 물에 담가 핏기를 제거하지만 다른 부위나 요리의 경우는 그렇지 않다. 고기에서 나오는 붉은 액체는 피가 아니라 미오글로빈이라는 색소 단백질로 굳이 제거하지 않아도 되는 것이다. 반면 갈비에서 나오는 적갈색 즙은 헤모글로빈이라는 적혈구 속 단백질이기 때문에 조리 시 물에 담가 말끔히 없애는 것이 좋다.

10 28 Tue

유자청고구마맛탕
비타민 C와 식이섬유소의 대표 얼굴!

재료
고구마 50g, 땅콩 가루 3g, 물 3g, 유자청 2g, 설탕 3g, 물엿 3g, 식용유 3g

만드는 법
1 고구마는 가로세로 1cm, 길이 5cm 크기로 썰어 물에 담가 전분기를 빼고 키친타월로 물기를 제거한다.
2 볶음 솥에 설탕과 물을 넣어 젓지 말고 약한 불에서 끓이다 설탕이 녹아 갈색이 나면 물엿, 유자청을 넣고 저어가며 끓여 시럽을 만든다.
3 식용유를 넣은 튀김 솥에서 고구마를 두 번 튀겨낸다.
4 고구마에 시럽과 땅콩 가루를 넣고 살살 버무린다.

오늘의 식단

628.5 Kcal

흑미밥

두부전골

멸치크랜베리볶음

유채나물무침

유자청고구마맛탕

깍두기

멜론

오늘의 급식 이야기

스트레스를 한방에 날리는 매운 맛
고추

고추는 현대인의 스트레스를 해소하는 대표 식재료다. 그래서인지 요즘 고기 요리부터 라면까지 눈물 나게 매운맛이 많은 이들에게 사랑받고 있다. 먹고 나면 속이 쓰릴 정도로 자극적인 매운맛을 우리는 왜 자꾸만 찾는 것일까. 고추의 매운맛은 열을 발산시켜 몸을 시원하게 만들 뿐 아니라 통각 세포가 감지한 매운맛을 없애기 위해 뇌에서 엔도르핀을 분비, 스트레스를 해소해준다. 때문에 경기가 불황일 때는 고추처럼 매운맛을 가진 음식의 인기가 높아진다는 통계가 있다. 실제로도 고추의 매운맛은 기운을 발산하는 성질이 있어서 마음속에 쌓인 울적함과 답답함을 풀어준다.

고추의 원산지는 남아메리카 아마존 강 유역과 멕시코 일대로 1493년 콜럼버스에 의해 스페인으로 전해졌다. 후춧가루보다 맵고 색이 붉다고 해서 '붉은 후춧가루(red pepper)'라는 이름으로 15세기경 영국과 중부 유럽에 전파됐으며 중국에는 17세기경, 일본에는 16세기경에 전파됐다. 〈지봉유설〉에 따르면 고추는 남쪽 오랑캐 땅에서 나는 식물이라 '남만초', 일본에서 전해져서 '왜겨자'라는 이름이 붙었는데, 우리나라에는 임진왜란 때 들어온 것으로 추측된다.

고추의 대표 성분은 비타민 C와 캡사이신. 비타민 C 함량은 같은 무게 귤의 5배, 사과의 20배에 달한다. 이 비타민은 노화의 주범인 유해산소를 없애는 항산화 비타민이다. 감기 예방도 돕는다. 고추의 비타민 C는 조리 도중 거의 파괴되지 않는다. 또 고추의 매운맛 성분인 캡사이신은 입맛과 소화력을 높여주고 항산화 효과를 내고 지방을 분해해 다이어트에도 효과적이다.

이 캡사이신의 농도를 측정해 수치화한 것을 '스코빌 지수'라고 하는데, 매운 물질을 단물로 희석해 매운 맛이 느껴지는 역치를 가지고 구한 것이다. 스코빌 지수가 가장 높은 고추는 '세계에서 가장 매운 고추'라 불리는 인도의 부트 졸로키아. 매운 정도가 100만 스코빌이 넘어 무려 청양고추의 100배에 달한다. 너무 매워 정신이 나간다고 해 유령 고추라고도 불리는데, 인도군이 이를 활용한 수류탄을 개발해 화제가 되었다. 멕시코의 레드 사비나 하바네로는 2007년까지 기네스 1위에 올랐던 매운 고추다.

캡사이신 성분을 응집시켜 최고로 맵게 만든 핫소스도 있다. 미국의 '블레어'라는 제품인데 스코빌 지수가 1600만이라고. 1년에 999병만 한정 생산한다.

한편 세기의 명작 영화 〈로마의 휴일〉의 주인공이자 명배우 그레고리 펙은 87세까지 왕성한 활동을 했는데, 평소 풋고추를 아주 좋아한 것으로 알려졌다. 항상 바쁜 촬영 일정 속에서도 자신의 집 정원에 풋고추를 직접 심고 재배했으며 어느 식당을 가더라도 꼭 풋고추를 싸 가지고 다니면서 사람들과 나눠 먹었다고 한다.

10 29 Wed

635.5 Kcal

오늘의 식단

파인애플볶음밥

달걀국

새우찜

치자무가쓰오부시무침

배추김치

과일샐러드

삶은 밤

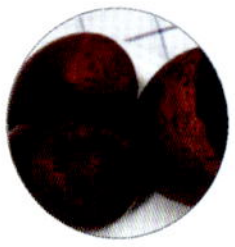

오늘의 급식 이야기

굽은 허리도 펴게 하는 가을 새우
대하

새우는 뼈 건강에 좋고 양기를 북돋아 장수의 상징이다. 겉모습이 허리를 구부린 노인과 닮았다고 해서 '해로(海老 : 바다의 노인)'라고도 불린다. 또 과거 혼례때 부부의 백년해로를 기원하는 의미에서 수염이 긴 바다새우 그림을 선물하기도 했던 것으로 전해지는데, 수염이 길어 바다의 노인이라고 불린 새우처럼 오랜 시간 함께하라는 의미가 담겨 있다.

새우는 멸치 못지않게 칼슘이 풍부해 성장기 아이들이 매일 먹는 학교급식에도 잘 맞는 식재료다. 그밖에 단백질과 아미노산을 포함한 각종 영양도 풍부해 새우철이 되면 서해안이 새우를 먹으러 가는 관광객으로 북적인다.

한국인이 가장 좋아하는 새우인 대하는 산란 직전인 3~4월과 10~11월이 제철이다. 십각목(十脚目) 보리새우과에 속하는 갑각류로 우리나라 서·남해안에 분포하며 세계적으로는 황해와 발해만 등지의 중국 연안에서만 한정돼 생산되어 '바다의 귀족'으로 불릴 만큼 고급 수산물에 속한다. 대하는 겉껍질이 매끈하고 털이 없으며 몸 빛깔은 연한 홍화색에 청회색의 점무늬가 흩어져 있고, 촉수 역할을 하는 2개의 긴 수염을 가지고 있다.

흔히 길이가 20㎝ 이상이면 대하, 15㎝ 이하이면 중하로 구분하는데 사실 대하와 중하는 크기의 차이가 아니라 종류가 다른 새우다. 그러나 생김새만으로는 구별하기 힘들기 때문에 다 자란 뒤의 사이즈를 보고 대하, 중하로 구분하는 것. 대하 암컷의 경우는 몸길이가 26㎝ 정도까지 자란다.

대하는 맛을 내주는 글리신을 가을에 가장 많이 함유한다. '가을 새우는 굽은 허리도 펴게 한다'는 속담은 노인의 굽은 허리를 펴게 할 만큼 가을 새우의 맛과 영양이 뛰어남을 나타내는 것. 대하는 머리 중간에 검은색을 띄고, 다리가 있는 배 부분의 분홍색이 선명한 것이 선도가 높고 맛도 좋다. 찜, 구이, 튀김 등 다양하게 조리할 수 있는 대하는 성장 발육, 피부 미용에 좋으며 키토산이 풍부하기 때문에 지방 축적을 방지하고 몸 밖으로 불순물을 배출시켜 혈액 내 콜레스테롤 수치를 낮추는 역할을 한다.

새우찜
오동통한 새우 살이 **풍요로운 식감을!**

재료
새우 35g, 화이트와인 1g, 굵은소금 0.3g, 식초 0.5g

만드는 법
1. 새우는 수염을 제거하고 소금과 식초를 넣은 물에 세척한다.
2. 타공 팬에 새우를 가지런히 담고 화이트와인을 스프레이로 뿌린다.
3. 2의 새우를 예열(120℃ 15분)한 오븐에서 찐다(100℃ 20분).

여기서 잠깐! **고려시대 충신 이색도 시를 지어 감탄한 대하**

"물고기도 조개도 아닌 새우 / 바다에서 나는 것이 어여쁘다.
껍질은 붉은 띠를 두른 듯하고 / 엉긴 살결은 눈처럼 하얗다.
얇은 껍질은 종이 한 장 두께지만 / 기다란 수염은 몇 자나 된다.
몸을 굽혀 서로 예절을 차리니 / 맛보면 오히려 도(道)가 살찌겠구나."

10 30 Thu

621.9 Kcal

오늘의 식단

기장율무밥

돈육김치찌개

갈치양념구이

무말랭이볶음

시금치버섯샐러드

오이양파채무침

단감

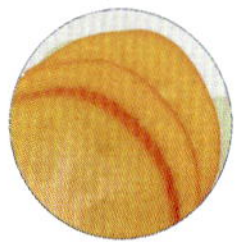

눈부시게 빛나는 은빛 갈치!

갈치양념구이
생선 요리의 품격을 높여주는 갈치!

재료
갈치 40g, 튀김가루 5g, 식용유 2g, 식초 0.5g, 굵은소금 0.5g
양념 : 물 5g, 간장 2g, 생강 0.3g, 마늘 0.3g, 청주 1.5g, 물엿 1g, 참깨 0.03g

만드는 법
1 갈치는 소금과 식초를 섞은 물에 세척하고 물기를 제거한다.
2 1의 갈치살에 튀김가루를 입힌다.
3 튀김 솥에 식용유를 붓고 2의 갈치살을 180℃에서 튀겨낸다.
4 참깨를 제외한 분량의 양념 재료를 끓인다.
5 3을 접시에 가지런히 담고 양념을 골고루 바른다.
6 5에 참깨를 솔솔 뿌린다.

갈치는 몸이 긴 칼처럼 생겼다 해서 붙여진 이름이다. 신라시대에는 '칼'을 '갈'이라고 불렀다. 그래서인지 아직도 칼치라고 부르는 경우가 많다.

'하얀 이밥(쌀밥)에 갈치'라는 속담이 있듯 갈치는 예로부터 우리 식단에 깊숙이 자리 잡고 있는 생선이다. 우리나라 서남해 지역에서 많이 어획되는 회유성 어종으로, 겨울철에는 수심이 깊고 수온이 따뜻한 제주도 남서쪽 동중국해에서 월동을 하고 봄철이 되면 먹이가 풍부한 해역으로 회유하다가 여름철에 무리를 지어 산란장을 찾아 연근해 쪽으로 북상한다. 특히 제주도 인근에서 갈치가 많이 잡히는 이유다. 따라서 여름부터 12월까지 갈치 조업이 가능하지만 가을에서 겨울로 넘어갈수록 맛이 깊어진다. "10월 갈치는 돼지 삼겹살보다 낫고 은빛 비늘은 황소 값보다 높다"는 속담도 있다.

갈치 하면 제주 은갈치와 목포 먹갈치가 유명한데, 둘의 차이는 조업 방식에 따른 차이다. 지역을 떠나 주낙으로 낚으면 은갈치, 그물로 잡으면 먹갈치인 것. 이는 갈치가 죽은 후 보이는 색상에 따른 분류라고 할 수 있다. 그물로 잡은 갈치는 서로 몸부림쳐 상처가 나고 은분이 벗겨진 것이고, 주낙으로 잡은 것은 상처 없이 원형 그대로 은분이 고스란히 붙어 있어 상품 가치가 높다.

갈치의 은분은 '구아닌'이라는 성분으로 진주의 광택을 내는 성분이며 널리 알려진 것처럼 립스틱의 원료가 되기도 한다. 갈치는 구입 시 은분이 벗겨지지 않은 것이 좋으나 조리 시에는 깨끗하게 제거하는 것이 좋다. 비린내의 원인이 되며 다량 섭취 시 소화를 방해하고 배탈이 날 수 있기 때문이다.

갈치는 단백질과 지방, 당질, 칼슘, 철, 인 등의 미네랄과 필수아미노산이 풍부하고 비타민 A·D·E가 골고루 들어 있으며, 칼슘 함량이 높아 뼈와 근육을 튼튼히 하기 때문에 성장기 아이라면 반드시 섭취해야 한다. 단, 칼슘에 비해 인산이 많이 함유되어 있으므로 채소를 곁들여 먹는 것이 좋다. 또 갈치에 함유된 DHA를 충분히 섭취하기 위해서는 30분 이상 가열하지 않아야 영양 손실을 줄일 수 있다. 한편 갈치는 모성애가 강해 암컷은 알을 낳은 뒤 알이 안전하게 부화하도록 주위를 떠나지 않고 보호하는데, 한눈팔지 않기 위해 먹지도 않고 곁을 지킨다. 또 자기의 이빨을 소중히 여겨 먹잇감을 깨물었을 때 딱딱하면 먹기를 포기하는 특징이 있다. "내 이빨은 소중하니까!"

10 31 Fri

630.3 Kcal

오늘의 식단

옥수수완두콩밥

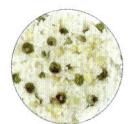
호박죽

콩가스

두부숙주냉채

연근조림

마늘종장아찌

나박김치

포도

Today's Recipe

재료
두부 20g, 숙주 10g, 오이 10g
소스 : 연겨자 0.2g, 마늘 0.7g, 설탕 1g, 식초 0.5g, 레몬즙 0.5g, 참기름 0.5g, 참깨 0.1g, 소금 0.2g

만드는 법
1 숙주는 소금물에 데쳐 찬물에 헹군 후 물기를 짠다.
2 오이는 깨끗이 씻어 반달썰기 하고 소금에 절였다가 짠다.
3 두부는 가로세로 1.5cm 크기로 썰고 소금을 뿌린다.
4 볼에 1, 2, 3의 재료를 넣어 분량의 소스로 살살 버무리고 참깨를 뿌린다

두부숙주냉채
포슬포슬! 아삭아삭! 새콤달콤!

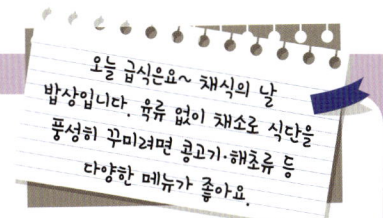

오늘 급식은요~ 채식의 날 밥상입니다. 육류 없이 채소로 식단을 풍성히 꾸미려면 콩고기·해초류 등 다양한 메뉴가 좋아요.

밭에서 나는 콩고기 & 바다의 해초

채식주의자들에게도 고기는 필요하다. '고기와 비슷한 맛과 식감을 내며 고기의 영양을 대체하는 음식'이라고 하는 것이 더 정확한 표현이겠다. 보통 채식주의자들은 콩·버섯·견과류 등을 넣어 만든 일명 '콩고기'를 먹는데, 이 콩고기는 실제 모양이나 맛이 고기와 비슷할 뿐 아니라 칼로리가 낮아 다이어트 식품으로도 각광받는다.

콩고기는 불고기로 해 먹는 게 가장 손쉽다. 불고기를 만들려면 먼저 해동된 콩고기를 얇게 저미듯이 썬 뒤 프라이팬에 살짝 굽는다. 그래야 고기가 바스러지지 않고 살짝 단단해진다. 불고기 양념장을 준비하고 취향에 맞게 양파와 파, 당근 등을 썰어 넣어 버무리고 프라이팬에 볶으면 완성된다. 콩에서 추출한 단백질과 글루텐을 이용해 고기와 거의 비슷한 질감으로 만들어 맛이나 식감 면에서 고기를 대신할 수 있기 때문에 찾는 사람들이 점차 늘고 있다.

해초류 또한 채식주의자들에게 없어서는 안 될 채소. 육지의 채소만 생각하고 있었다면 절반의 선택이다. 풍부한 엽록소를 비롯해 각종 영양 성분을 다량 함유한 '바다 채소' 해초류는 일반 식품의 부족한 영양을 보완하는 데 좋은 최고의 식재료. 특히 뼈 건강에 영향을 끼치는 칼슘·요오드·철분이 많아 학교급식에 빼놓을 수 없는 식재료이기도 하다.

해초류가 동양에서 훌륭한 식재료로 꼽히는 것과 달리 서양에서는 그동안 '바다의 잡초'라 부르며 천대해 왔는데, 최근 해초류를 잘 먹지 않던 유럽에서도 생선 요리에 해초류를 곁들이는 등 그 진가를 이제야 알아보고 있다는 소식이다.

월요일	화요일	수요일	목요일	금요일
3 (생일 밥상) 쌀밥 굴미역국 돼지갈비엿장조림 버섯잡채 새우시금치전 배추김치 생일 망고케이크 사과 689.6 Kcal / 각국 생일 풍습	**4** 차조밥 얼큰순댓국 골뱅이강정 부추양파무침 깻잎채소조림 호박부각 고추부각 레드키위 638.1 Kcal / 10대 밥상	**5** 낙지비빔밥 땅콩초고추장 숭늉 날치알달걀찜 백김치 밤떡초 바나나 645.2 Kcal / 낙지	**6** 흑미보리밥 두부김치콩나물국 소고기편육무침 새송이영양부추무침 파프리카겉절이 고구마요거트범벅 귤 625.7 Kcal / 콩나물	**7** 렌틸콩 늙은호박새우젓찌개 감자고추장조림 탕평채 우럭구이 배추김치 키위 611.4 Kcal / 탕평채
10 기장밥 홍합두붓국 훈제오리볶음 김오징어전 달래사과무침 배추김치 단감 631.2 Kcal / 김	**11** (이벤트 밥상) 차수수밥 쇠고기명란알탕 치즈가래떡엿장구이 뱅어포양념구이 베이컨샐러드 총각김치 포도 638.9 Kcal / 가래떡데이	**12** (세계음식의 날) 시미트 플레인요구르트 치킨토르티야 고프테 피데 오이고추초절임 석류 719.2 Kcal / 터키 음식	**13** 잡곡밥 새우아욱국 카르보나라치킨 어묵채고추볶음 김구이 단감샐러드 배추김치 전통 엿 629.8 Kcal / 엿	**14** 발아현미밥 한방갈비탕 햄두부장조림 진미채채소무침 메밀빙떡 석박지 배 627.9 Kcal / 메밀빙떡
17 클로렐라밥 북어달걀국 매운족발찜 애호박들깨볶음 천사채채소무침 깻잎간장절임 사과 618.6 Kcal / 팽조지성	**18** 귀리밥 꼬막고추장찌개 잡채상서 더덕정승 치즈김치달걀말이 깍두기 멜론 627.4 Kcal / 더덕정승	**19** (향토음식의 날) 들깨밥 대구따로국밥 마산아귀미더덕찜 동래파전 우엉김치 안동식혜 경주빵 상주곶감 667.8 Kcal / 경상도 음식	**20** 율무밥 쇠고기버섯국 삼치유자청구이 취나물청국장무침 게맛살맹이달걀볶음 배추무겉절이 귤 629.7 Kcal / 우유, 두유	**21** (이벤트 밥상) 검정콩밥 무시래깃국 편육 굴무생채 알배기/상추쌈 양념된장 보쌈김치 부편 630.1 Kcal / 김치데이
24 보리밥 시금치감잣국 고등어양념구이 미니새송이장조림 케이준샐러드 배추김치 방울토마토 625.1 Kcal / 고등어	**25** 흑미밥 불낙전골 명엽채볶음 청경채무침 난자완스 강화순무김치 사과 626.2 Kcal / 강화순무	**26** 기장밥 장칼국수 육포전 모자반사과무침 오징어숙회 오이/삼색파프리카 초고추장 배추겉절이 663.5 Kcal / 김치	**27** 혼합곡밥 순두부김치찌개 마늘아몬드조림 쇠고기파볶음 비엔나채소볶음 유채겉절이 파인애플 628.3 Kcal / 유채	**28** (채식 식단) 뿌리채소영양밥 미나리간장양념장 들깨무챗국 도토리묵무침 다시마김자반 표고구멍떡강정 배추김치 바나나 638.2 Kcal / 비건 베이킹

NOVEMBER

겨울의 초입 11월.
부쩍 커진 일교차에 면역력이 뚝~
다가올 추위를 견디기 위해
영양 보충을 단단히 해야 할 시기!

11 03 Mon

오늘의 식단

쌀밥

굴미역국

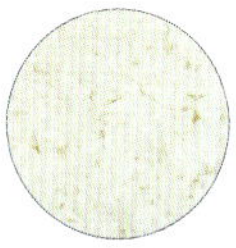

돼지갈비엿장조림

버섯잡채

시금치새우전

배추김치

생일 망고케이크

사과

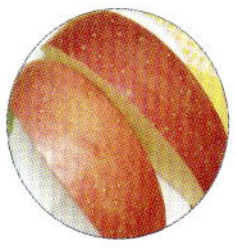

689.6 Kcal

Today's Recipe

재료
시금치 5g, 칵테일 새우 10g, 부침가루 10g, 굵은소금 0.2g, 청주 1g, 식용유 1g

만드는 법
1. 시금치는 데쳐서 믹서에 곱게 간다.
2. 칵테일 새우는 끓는 물에 소금과 청주를 넣어 데친다.
3. 부침가루에 물과 시금치 간 것을 넣고 반죽한다.
4. 식용유를 두른 부침용 팬에 20g씩 반죽을 떠놓고 새우를 얹어 지진다.

시금치새우전
채소 중 비타민 A가 가장 많은 시금치!

지구촌 나라별 생일 풍습

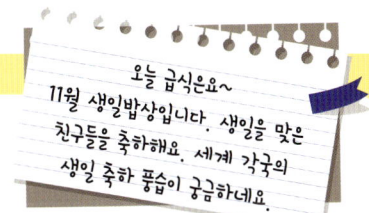

오늘 급식은요~
11월 생일밥상입니다. 생일을 맞은 친구들을 축하해요. 세계 각국의 생일 축하 풍습이 궁금하네요.

우리나라 아기가 태어나면 금줄을 걸고 외부인 출입을 막아 나쁜 재앙이 못 들어오게 하고 100일과 첫돌이 되는 날에는 친지와 이웃을 불러 큰 잔치를 벌인다.

필리핀 : 마냐니따(Mananita)라고 불리는 축하 노래를 생일 주인공이 일어나기 전에 가족과 친구들이 불러주는 것으로 하루를 시작한다. 우리나라의 미역국과 같이 필리핀에서는 판싯(Pansit)이라는 국수를 먹으며 장수와 건강을 기원한다.

이스라엘 : 친구의 생일에 '생일 축하해'라는 평범한 인사말 대신 '행복하고 즐거운 한 해가 될 거야', '많은 풍선이 너를 축하해주네' 등 특별한 축하 인사를 한다. 또 생일을 맞은 아이를 의자에 앉힌 다음 아빠가 의자를 머리 위까지 번쩍 들어 올려 아이의 행운을 기원하기도 한다.

독일 : 항아리에 인형, 초콜릿, 사탕 등을 가득 담아 집 안에 숨겨둔 다음 아이의 친구들을 집으로 초대해 항아리 사냥(pot hunting)이라는 놀이를 한다. 아이들에게 나무 숟가락을 하나씩 나눠준 다음 손수건으로 눈을 가리고 방 안을 돌아다니면서 항아리를 찾아 숟가락으로 먼저 두드리는 사람에게 항아리에 들어 있는 것을 선물로 준다.

몽골 : 특별한 돌잔치를 하지 않는 몽골은 아이가 다섯 번째 생일을 맞을 때까지 머리카락을 자르지 않는 의식이 있다. 길게 땋은 머리는 아이가 아무 탈 없이 건강하게 유아기를 보냈다는 상징인 것이다.

영국 : 생일에 케이크를 먹는 대신 부모가 직접 만든 아이스크림을 먹는다. 우묵한 큰 그릇에 젤리를 가득 채우고 그 위에 아이스크림을 예쁘게 올려 생일을 축하한다.

11 04 Tue

638.1 Kcal

오늘의 식단

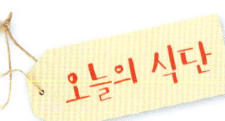
차조밥

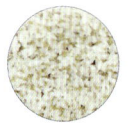
얼큰순댓국

골뱅이강정

부추양파무침

깻잎채조림

호박부각

고추부각

레드키위

보건복지부 ·
국민건강보험공단 · KBS 권장

'한국인이 꼭 먹어야 할 10대 밥상(식품)'

1. **마늘** : 마늘의 강렬한 냄새는 바로 알리신 성분 때문인데 강력한 살균 작용을 할 뿐만 아니라 암 예방(특히 소화기 계통)에도 놀라운 효과가 있다. 마늘은 자른 뒤 10분 정도 두었다가 요리하면 그렇지 않는 경우보다 항암 예방 효과가 더 크다는 연구 결과가 있다.

2. **보리** : 보리에는 다량의 비타민과 식이섬유가 들어 있고, 말초신경의 활동을 원활하게 하는 비타민 E, 그리고 말초신경의 기능을 향상시키는 비타민 B가 들어 있다. 특히 베타글루칸이라는 수용성 식이섬유는 콜레스테롤을 낮추는 효과가 있다.

3. **콩** : 콩 속에 풍부한 식이섬유는 위와 장에서 포도당 흡수 속도를 낮추어 당뇨병을 억제하고 급격한 혈당 상승을 막는다.

4. **부추** : 부추에 든 베타카로틴은 강력한 항산화작용을 해서 활성산소를 억제한다. 부추는 우리 몸에 생긴 활성산소를 꼭 붙잡아 활동을 못하게 할 뿐만 아니라 활성산소의 발생 자체를 억제한다.

5. **고등어** : 고등어를 일주일에 2번 이상 섭취할 경우, 불포화지방산인 오메가-3의 함량이 높아져 심장병으로 인한 사망률을 무려 81% 줄일 수 있다. EPA와 DHA가 풍부해 동맥경화, 뇌졸중, 심근경색증 같은 순환기 질환 예방, 치매, 천식, 시력 회복 등에도 효과가 있다.

6. **김** : 평소 비타민 A가 부족하면 시력 감퇴뿐 아니라 야맹증까지 생길 수 있다. 김에는 눈의 비타민이라고 불리는 비타민 A가 풍부하니 눈 건강을 위해 김을 많이 섭취하는 것이 좋다.

7. **호두** : 호두에 든 비타민 E는 우리 몸의 노화를 막아주는 효과가 있다. 그리고 리놀산과 리놀레산 등의 불포화지방산은 혈중 콜레스테롤을 낮추는 작용을 해 동맥경화, 심근경색증 등을 예방하며 장수에도 효과가 좋다.

8. **달걀** : 달걀노른자에 든 레시틴은 뇌의 먹이라고 불릴 정도로 뇌 활동에 절대적으로 필요한 성분이다. 레시틴이 많이 함유된 식품을 먹으면 기억력을 증진시킬 수 있고 치매까지 예방할 수 있다.

9. **버섯** : 채소의 무기질, 육류처럼 단백질이 적절히 들어 있어 서양에서 '채소 스테이크'라고 부르는 버섯은 칼로리가 낮을 뿐 아니라 비타민 B군, 비타민 D는 물론 칼슘, 철분, 아연, 마그네슘, 칼륨 등의 무기질이 충분히 들어 있다.

10. **풋고추** : 풋고추에는 귤의 5배, 사과의 12배에 해당하는 비타민 C가 함유돼 있다. 풋고추에 든 매운 성분인 캡사이신은 에너지 대사를 높이고 내장 기능을 튼튼하게 해주는 효과도 있다.

골뱅이강정
쫀득한 식감과 매콤한 양념이 쏙쏙!

재료
통조림 골뱅이 30g, 튀김가루 3g, 식용유 2g
소스 : 고추장 3g, 케첩 3g, 물엿 1g, 매실청 1g, 마늘 1g, 생강 0.3g, 청주 1g, 참기름 1g, 참깨 0.2g, 물 3g

만드는 법
1 골뱅이는 체에 밭쳐 국물을 빼고 반으로 썬다.
2 1의 골뱅이에 튀김가루를 입혀 식용유를 두른 팬에 바삭하게 튀긴다.
3 또 다른 팬에 분량의 소스 재료를 넣고 바글바글 끓인다.
4 소스에 골뱅이를 넣어 살살 버무린다.

11 05 Wed

645.2 Kcal

오늘의 식단

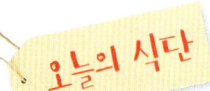
낙지비빔밥

땅콩초고추장

숭늉

날치알달걀찜

백김치

밤떡초

바나나

오늘의 급식 이야기

기운 잃은 소도 벌떡 일으킨다는 낙지

낙지비빔밥
보양식이 따로 없는 **낙지를 호로록~**

재료
낙지 30g, 모둠 해초 1g, 오이 12g, 상추 3g, 깻잎 2g, 당근 8g
양념 : 고추장 15g, 땅콩 가루 3g, 파인애플 5g, 사과 5g, 사과주스 5g, 설탕 1g, 올리고당 1g, 식초 1g, 레몬즙 1g, 깨소금 0.3g

만드는 법
1 끓는 물에 소금과 식초를 넣어 낙지를 데친다.
2 모둠 해초는 물에 불린 뒤 체에 밭쳐 물기를 뺀다.
3 채소를 깨끗이 씻는다.
4 오이는 반 갈라 씨를 제거하고 어슷하게 썰어 살짝 절인 후 강한 불에 재빨리 볶는다.
5 당근은 채 썰어 끓는 물에 데친다.
6 상추와 깻잎은 채 썬다.
7 파인애플과 사과는 믹서에 곱게 갈고 나머지 양념 재료를 섞어 양념장을 만든다.

낙지는 타우린과 단백질이 풍부하며 칼륨, 아연, 비타민 E, 피를 보충하는 비타민 B_{12}와 철분도 많이 들어 있어 빈혈이나 갱년기 장애에 좋고, 두뇌 발달에 좋은 DHA 성분까지 풍부해 '갯벌 속 산삼'이라고 불린다. 특히 타우린은 피로 해소, 당뇨병 예방과 체내 콜레스테롤 수치를 낮추고 동맥경화를 비롯한 각종 생활습관병을 예방하며 간이 정상적인 활동을 할 수 있도록 돕는다. 뿐만 아니라 알츠하이머 치료를 돕는 데 효과적이라는 연구결과가 국내에서 발표되기도 했다.

한국과학기술연구원(KIST) 연구진은 알츠하이머에 걸린 쥐에게 타우린을 물에 녹여 하루 30mg씩 6주 동안 먹게 한 뒤 3개월 동안 뇌 인지 기능 변화를 관찰했는데 쥐의 뇌 조직을 촬영한 결과 알츠하이머를 유발하는 베타아밀로이드 덩어리가 작아졌다는 것을 발견했다. 이는 기억력과 연관이 높은 신경교세포가 활성화됐으며 인지기능이 정상으로 회복되었다는 뜻이다. 즉, 타우린 성분이 알츠하이머 치료에 효과가 있다는 것이 밝혀진 것이다.

낙지는 영양뿐 아니라 비주얼로도 깊은 인상을 남기는 식재료다. 최민식 주연의 영화 〈올드보이〉에서 산낙지를 집어 삼키는 모습이 외국인에게는 무척 충격적으로 보였던 것. 그러나 꿈틀거리는 낙지를 소금장에 찍어 먹으면 입천장에 쩍쩍 달라붙는 발이 쫄깃쫄깃하고 씹을수록 달착지근한 맛이 일품이다. 정약전이 쓴 〈자산어보〉에는 "말라빠진 소에게 낙지를 먹이면 벌떡 일어난다"고 했을 만큼 싱싱한 낙지 한 접시는 스태미나가 넘친다.

낙지는 "봄 조개, 가을 낙지"라는 속담이 있듯 가을철의 것을 '꽃낙지'라 하여 최고로 친다. 낙지는 보통 일반 낙지와 세발낙지로 나뉘는데, 세발낙지는 발이 3개라 붙은 이름이 아니라 낙지의 다리가 가느다랗다고 해서 세(細)발낙지라 부른다. 세발낙지가 여름을 지내고 더 자라면 대발낙지라고 하는데, 9~12월에 많이 잡히며 부드럽고 맛이 좋다.

11 06 Thu

625.7 Kcal

오늘의 식단

흑미보리밥

두부김치콩나물국

소고기편육무침

새송이영양부추무침

파프리카겉절이

고구마요거트범벅

귤

속풀이 음식 콩나물 만한 게 없더라

두부김치콩나물국
칼칼하고 시원한 국물 한 그릇

재료
두부 20g, 콩나물 8g, 김치 8g, 대파 2g,
국 멸치 2g, 건 다시마 2g, 청주 1g, 국간장 1g

만드는 법
1 찬물에 국 멸치, 건 다시마, 청주를 넣어 육수를 만든다.
2 콩나물은 깨끗이 씻는다.
3 김치는 숙성된 것으로 준비해 1cm 길이로 채 썬다.
4 대파는 어슷하게 썰고 마늘은 다지고 두부는 깍둑 썰기 한다.
5 국 멸치, 다시마를 건지고 육수가 끓으면 콩나물, 김치를 넣어 10분 정도 끓인다.
6 5에 대파, 고춧가루, 두부를 넣고 끓이다 국간장으로 간한다.

콩나물을 두고 〈본초강목〉에서는 '채중지가품(菜中之佳品)'이라 하여 '채소 중에 으뜸'이라고 극찬했다. 가녀린 몸매에 수많은 영양분을 담고 있고 계절에 상관없이 물만 주면 자라며, 가격도 부담 없는 고마운 식품이다. 콩나물은 발육하는 과정에서 유익한 성분들이 만들어진 특별한 콩이다. 보통 콩에는 단백질이 풍부한 반면 비타민 C는 들어 있지 않다. 하지만 콩나물이 되는 과정에서 비타민 C와 아스파라긴산이 생성되는 것.

아미노산의 일종인 아스파라긴산은 체내 알코올이 빠르게 해독되도록 도와 숙취를 해소하고 신진대사를 활발하게 해 피로 해소를 돕는데, 콩나물의 잔뿌리에 아스파라긴산의 90% 가량이 존재한다. 술 마신 다음날이나 감기에 걸렸을 때 국으로 얼큰하게 끓여 후루룩 마시고 나면 속이 풀어지고 몸이 개운해지는 것이 바로 이 아스파라긴산의 효능 때문. 해장국으로 콩나물국을 즐겨먹던 선조들의 지혜에 과학적 원리가 숨어 있는 것이다.

콩나물 200g(두 줌 정도)이면 성인에게 필요한 1일 섭취 권장 비타민 C(70mg)를 충족할 수 있는데, 콩나물은 새싹이 난 후 5~6일 동안 가장 비타민 함량이 높고 이후부터 영양소가 줄어들기 때문에 가능한 이 기간에 섭취하는 것이 좋다.

콩나물은 삶을 때 비린내가 나기 쉬운데 이는 콩에 함유된 단백질이나 탄수화물, 지방 등이 산소와 온도의 영향을 받아 발생한다. 특히 콩나물의 머리 부분에 함유된 리폭시게나아제라는 효소가 불포화지방산의 분해와 효소를 촉진하는 과정에서 비린내가 생성된다. 이 효소는 물이 끓는 온도보다 낮은 85℃ 근처에서 가장 활발히 작용하므로 콩나물을 삶을 때는 끓기 전에 뚜껑을 열지 않아야 한다.

동·서양 콩나물에 대한 생각의 차이

고려 건국과 후삼국 통일의 위업을 이룬 태조 왕건이 나라를 세울 때, 궁예와 견훤 등 주변 세력과 전쟁이 잦아 군사들은 식량 부족으로 허덕이며 각종 질병에 시달렸다. 이때 태조가 콩을 냇물에 담가두었다가 자란 콩나물을 군사들에게 배불리 먹게 했다. 군사들은 콩나물을 먹어 허기와 질병을 다스렸고, 후세에도 콩나물은 비타민이 부족한 병사들에게 신선한 영양분을 공급하기 위해 많이 사용되었다.
반면 1904~1905년 발발한 러일전쟁에서 거대한 러시아 군대는 그만 일본군의 공격에 무너지고 말았다. 전투 중에 전사한 것이 아니라 전쟁으로 인해 100일간 채소 보급이 차단되자 비타민 C 결핍증인 괴혈병으로 병사(病死)한 것. 그런데 나중에 창고를 열어보니 콩이 가득 쌓여 있었다고. 콩을 쌓아두고도 괴혈병 예방에 특효인 콩나물의 비밀을 알지 못해 그리 비참하게 죽어갔다니 안타까운 이야기다.

11 07 Fri

탕평채
녹두묵과 채소로 만드는 전통음식

재료
녹두묵 27g, 쇠고기 10g, 미나리 5g, 홍고추 1.5g, 달걀 6g, 참기름 1g, 참깨 0.2g, 소금 0.05g, 식용유 0.2g, 간장 0.2g, 마늘 1g, 매실청 0.5g, 후춧가루 0.01g

만드는 법
1. 녹두묵은 가로세로 5cm, 두께 0.5cm 크기로 채 썰어 끓는 물에 데친 뒤 물기를 제거하고 참기름과 소금으로 무친다.
2. 쇠고기는 채 썰어 간장, 매실청, 설탕, 마늘, 참기름에 재워 볶는다.
3. 미나리는 잎을 떼고 다듬어 소금물에 데친 후 찬물에 헹구어 물기를 짜고 5cm 길이로 썬다.
4. 홍고추도 5cm 길이로 채 썰어 볶는다.
5. 달걀은 황백지단을 부쳐 가로 0.3cm, 세로 5cm 길이로 썬다.
6. 모든 재료를 섞어 소금으로 간하고 참기름과 참깨를 넣어 버무린다.

오늘의 식단

렌틸콩

늙은호박새우젓찌개

감자고추장조림

탕평채

우럭구이

배추김치

키위

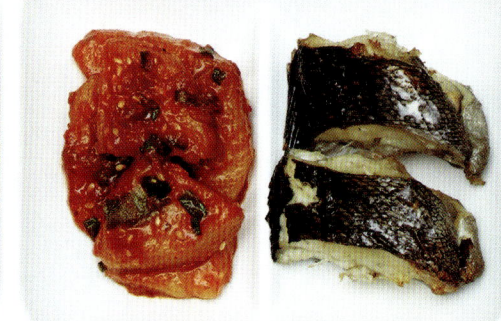

탕탕평평(蕩蕩平平) 탕평채

611.4 Kcal

탕평채의 유래는 조재삼의 〈송남잡지〉에 기록이 나오는데 영조 때 정승을 지낸 송인명이 시장거리를 지나다 녹두묵무침 파는 소리를 듣고 녹두묵에 여러 가지 재료들이 골고루 들어 있는 것을 보고 4색을 섞어 탕평사업을 삼고자 만들게 되었다고 한다.

조선은 선조 8년(1575)에 처음으로 동인과 서인으로 당파를 형성한 후 다시 동인은 남인과 북인으로 갈리고 이후 서인도 노론과 소론으로 분리됐다. 당파를 형성한 후 서로 다른 사상으로 정쟁(政爭)이 끊이지 않았고 영조(1694~1776)가 즉위할 즈음에 극단적인 정쟁으로 왕도 생명의 위협을 받게 됐다. 이에 영조는 당파의 대립을 막고자 각 당파에서 인재를 고르게 등용하기 위한 정책으로 '탕평책'을 실시했다. 탕평은 '어느 쪽에도 치우치지 않고 고르다'는 뜻을 지닌 '탕탕평평(蕩蕩平平)'에서 나왔다.

탕평책을 논하는 자리에 올랐던 음식이 '탕평채'이다. 오색의 식재료로 조화를 이룬 이 음식의 색에는 숨겨진 의미가 있었으니 주재료인 흰색의 청포묵은 서인(보수)을, 푸른색의 미나리는 동인(진보)을, 붉은색의 쇠고기는 남인(중도진보)을, 검은색의 석이버섯·김가루는 북인(절대진보)을 상징했다. 서인은 소론(중도보수), 노론(절대보수)로 나뉘어 당쟁을 했는데 탕평채의 주재료가 청포묵인 것은 그 당시가 서인의 집권기였기 때문으로 생각된다.

탕평채는 맛, 색, 영양 면에서도 완벽한 조화를 갖춘 음식이다. 특히 붉은색은 심장, 노란색은 비장, 흰색은 폐, 검은색은 신장, 푸른색은 간 건강을 좋게 한다는 음양오행의 원리를 적용하고 먹는 사람의 건강과 체질을 고려한, 우주를 품은 음식인 것이다. 그뿐만 아니라 조선시대 영·정조시대에 왕권을 강화하고 붕당(朋黨)으로 과열된 정쟁을 피해 화합을 이루고자 했던 임금의 마음을 엿볼 수 있다.

탕평채의 주재료인 청포묵은 녹두묵이라고도 하는데 묵 가운데 가장 고급스러운 묵으로, 조선의 선비들은 녹두묵을 최고의 해장음식으로 여겼다. 지금도 한정식 집에서 차리는 술상에는 청포묵이 안주로 많이 나오는데 이것은 옛날 술상으로부터 전해진 것으로 보인다.

우리 조상들은 봄에는 녹두묵, 가을에는 도토리묵, 겨울에는 메밀묵으로 묵무침을 해 먹었는데, 〈동국세시기〉에 따르면 3월에 녹두로 만든 국수인 화(花)면과 녹두묵무침을 먹는 이유는 이 무렵 녹두를 먹으면 여름을 건강하게 날 수 있기 때문이다. 〈동의보감〉에서는 "녹두는 성질이 차고 맛이 달며 독이 없어 열을 내리고 부은 것을 가라앉게 만들고 소갈증을 멎게 한다"고 했다. 즉, 녹두는 날씨가 서서히 더워지는 음력 3월부터 여름을 대비하고자 먹었던 음식인 것이다.

631.2 Kcal

오늘의 식단

기장밥

홍합두붓국

훈제오리볶음

김오징어전

달래사과무침

배추김치

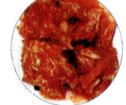
단감

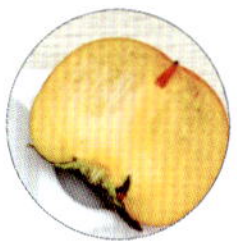

오늘의 급식 이야기

남녀노소 모두가 사랑하는 그 이름 김!

2008년 (사)김 시식지 유적 보존회가 〈광양 김 시식지〉를 발간했다. 이 책에 의하면, 광양시 태인도는 김의 주산지인 완도보다 무려 170년이나 앞서 김을 양식했는데, 세계 최초의 김 양식이라 주장하는 일본의 겐로꾸시대(1688~1703년)보다도 최고 60년이 빠른 것이다. 광양에는 우리나라 최초로 김을 양식한 김여익을 기리는 '광양 김 시식지' 건물이 전라남도 기념물 제113호로 지정되어 있다.

김은 원래 바다 파래인 해태를 거둬 종잇장처럼 얇게 널어 말린 것. 태인도는 현재 광양시에 속하지만 50년 전에는 여수시 돌산군에 속한 섬으로 갯벌의 자양분이 많아 다양한 해산물의 보고였다. 태인도는 임진왜란 때엔 사람이 살지 않는 섬이었으나 1636년 병자호란 때 한양에서 살던 김씨가 태인도에 피란 와서 살게 됐다. 이 사람은 임진왜란 때 노량해전에 참전한 병사였고 김여익이라는 아들이 있었다. 김여익은 해변으로 떠내려온 나뭇가지에 해태가 붙어 자라는 것을 보고 갯벌에 대나무 발을 만들어 해태를 양식했고, 이렇게 거둔 해태를 대발에 얇게 펴서 종이처럼 말렸다. 이것을 김여익, 즉 김씨가 만들어 '김' 이라고 불리게 됐다. 이 김을 하동장에 내다 팔면서 '김가네 김'이라고 이름이 나자 남해안 여러 섬의 어부들이 배워서 김 양식을 하기 시작했다.

김은 조리나 먹는 법이 편할 뿐더러 맛까지 좋아 남녀노소 불문하고 지금까지 많은 이들이 좋아하는 식품. 그런데 이 맛있는 김을 서양에서는 먹지 않는다. 제2차 세계대전 중 일본군 포로수용소에서 김을 식탁에 올린 적이 있는데 이후 전범 재판이 열렸을 때 김을 먹인 사실이 포로에 대한 가혹행위로 인정됐다. 검은 종이를 강제로 먹였다고 본 것. 서양이 김에 대해 좋지 않은 편견을 가지고 있음을 보여준 사례다.

김은 간만의 차가 크고 햇볕에 노출되는 시간이 많은 갯벌에서 생산한 것이 영양분이 많고 맛이 좋다. 김을 양식하는 방법에는 얕은 개펄에 말뚝을 박아 양식하는 '지주식'과 그물이나 발을 바다에 띄워 양식하는 '부유식'이 있다. 바다가 얕고 밀물과 썰물의 차가 큰 바다에서는 주로 '지주식'을, 바다가 깊고 조수 간만의 차가 적은 바다에서는 '부유식'을 한다. 전남과 충남 일부 지방에서 지주식을 하고 대부분 지역에서는 부유식을 하는데, 간조 때 물 밖으로 노출되어 햇볕과 바람을 많이 맞는 지주식 김이 맛있다. 그러나 부유식 김이라고 맛이 다 떨어지는 것은 아니다. 김발을 뒤집어 햇볕과 바람에 최대한 노출시키면 지주식 김의 맛과 크게 다를 바가 없는 것으로 알려졌다.

김오징어전
바다 식재료로 만든 담백한 부침 요리

재료
김가루 2g, 오징어 20g, 청주 0.5g, 튀김가루 6g, 식용유 1g

만드는 법
1 오징어는 손질해 다진다.
2 김가루, 오징어, 청주, 튀김가루에 물을 넣고 고르게 섞어 반죽한다.
3 달군 팬에 식용유를 두르고 반죽을 30g씩 떠놓고 앞뒤로 노릇하게 지진다.

11 11 Tue

638.9 Kcal

오늘의 식단

차수수밥

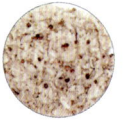
쇠고기명란알탕

치즈가래떡엿장구이

뱅어포양념구이

베이컨샐러드

총각김치

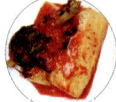
포도

Today's Recipe

재료
치즈가래떡 60g, 참기름 1g, 꿀 1g, 흑임자 0.3g

만드는 법
1 참기름, 꿀을 섞어 치즈가래떡에 바른다.
2 1을 오븐 팬에 가지런히 담고 예열(120℃ 15분) 한 오븐에서 찐(100℃ 10분) 뒤 흑임자를 얹는다.

치즈가래떡엿장구이
쫄깃하고 고소한 맛에 달콤함 더하기!

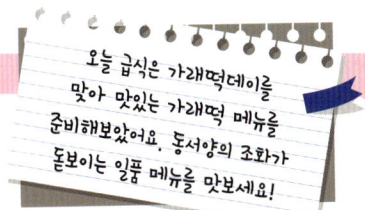

오늘 급식은 가래떡데이를 맞아 맛있는 가래떡 메뉴를 준비해보았어요. 동서양의 조화가 돋보이는 일품 메뉴를 맛보세요!

11월 11일은 가래떡데이

11월 11일은 농업인의 날이자 가래떡데이다. 농업인의 날이 11월 11일인 이유는 십(十)과 일(一)의 한자를 합치면 흙 토(土)가 되기 때문이다. '가래떡데이'는 2003년 안철수연구소에서 시작한 것이지만, 2006년 농림부에서 농업인에 대한 국민적 관심을 높이고자 빼빼로데이처럼 과자를 주고받는 대신 우리 쌀로 만든 가래떡을 주고받자는 취지에서 확대한 것으로 전해진다.

길고 가늘게 만드는 걸 가래를 뽑는다고 해서 가래떡, 또는 한 갈래씩 끊어 먹는다는 의미의 갈래떡에서 유래되었다는 설도 있다. 경상도 일부 지역에서는 '골미떡'이라고 부르기도 한다. 가래떡은 멥쌀가루를 시루에 쪄서 안반에 놓고 잘 친 다음 조금씩 도마 위에 놓고 두 손바닥으로 굴리듯 길게 밀어서 만든다. 그러나 요즘은 대부분 기계를 이용해 길게 뺀다. 가래떡은 식사와 간식용으로 먹는데, 구워 먹거나 떡꼬치로 만들어 튀겨 먹거나, 떡볶이나 떡국, 떡갈비 등 다양하게 사용한다.

우리 고유의 음식인 떡은 전통이 오래된 만큼 그와 얽힌 재미난 이야기가 전해진다. 신라의 시조인 박혁거세의 아들 남해왕에게는 아들인 유리왕자와 아니공주가 있었다. 남해왕이 죽자 다음 왕위를 이을 인물을 가려야 했는데, 원래는 유리왕자가 왕위를 이어야 했지만 남해왕이 유언으로 아니공주와 혼인한 사위 석탈해를 지목했다. 유리왕자와 석탈해는 모두 재주가 뛰어난 인물이었는데 두 사람은 서로 왕위를 사양했다. 결국 석탈해가 한 가지 꾀를 생각해 제안했다. "이가 많은 사람이 왕이 되도록 합시다." 예로부터 덕이 높은 사람은 보통 사람보다 치아가 많다는 이야기가 전해 왔기 때문인데, 두 사람이 떡을 깨물어 그 잇자국을 세어본 결과 유리왕자의 이가 더 많았다. 그리하여 신라 제3대 임금으로 유리왕이 등극하게 되었다.

719.2 Kcal

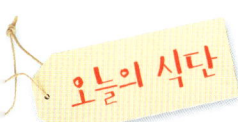

오늘의 식단

시미트(둥근고리빵)

플레인요구르트

치킨토르티야

고프테(미트볼조림)

피데(피자)

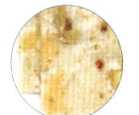

오이고추초절임

석류

Today's Recipe

치킨토르티야
닭고기와 각종 채소를 넣어 돌돌 만 서양 음식

재료
토르티야 20g(6인치), 닭가슴살 23g, 양상추 10g, 빨간·주황·노란 파프리카 2.5g씩, 허니머스터드소스 10g, 우유 2g, 허브소금 0.3g, 청주 0.5g, 올리브유 적당량

만드는 법
1 토르티야는 기름을 두르지 않은 팬에 중간 불로 살짝 굽는다.
2 양상추와 파프리카는 깨끗이 씻어 물기를 제거한다.
3 양상추는 큼직하게 찢고 파프리카는 가로 0.7cm, 세로 10cm 크기로 채 썬다.
4 닭가슴살은 우유에 30분 정도 재우고 건져 청주, 후춧가루, 허브소금으로 간한다.
5 팬에 올리브유를 두르고 예열(250℃ 15분)한 오븐에 4을 넣고 굽는다(200℃ 20분).
6 5의 닭가슴살이 식으면 가로 1.2cm, 세로 10cm 크기로 자른다.
7 토르티야에 양상추, 파프리카, 닭고기를 올려 허니머스터드소스를 끼얹고 돌돌 만다.

동·서양의 조화 터키 음식

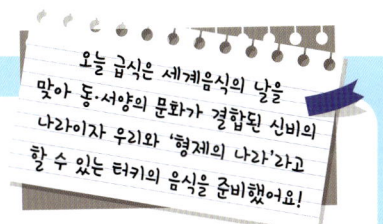

오늘 급식은 세계음식의 날을 맞아 동·서양의 문화가 결합된 신비의 나라이자 우리와 '형제의 나라'라고 할 수 있는 터키의 음식을 준비했어요!

터키 사람들은 우리나라를 '형제의 나라'라고 생각한다. 한국전쟁 당시 미국, 영국, 캐나다에 이어 네 번째로 우리나라에 많은 군인을 파병했다. 대부분 자원병이었으며, 미군 다음으로 많은 사상자가 날 만큼 우리나라를 열심히 도와준 나라이기에 우리 역시 터키를 다른 나라와는 달리 친밀하게 느낀다.

그런데 우리나라와 터키의 인연이 이보다 훨씬 오래됐다는 설이 있다. 터키인의 조상인 돌궐족이 고구려, 발해와 깊은 관계였다는 것. 이래저래 터키는 우리와 떼려야 뗄 수 없는 끈끈한 관계임에 틀림없다. 오죽하면 월드컵에서 터키가 다른 나라와 경기를 할 때 우리나라 사람들이 터키를 응원하니 말이다. 터키에 유독 관심이 가는 이유는 또 있다. 중국, 프랑스와 함께 세계 3대 요리 대국으로 손꼽히기 때문.

케밥: 중앙아시아 초원 지대와 아라비아 사막을 누비던 유목민들이 쉽고 간단하게 먹던 육류 요리가 발전한 것으로, 고기를 바비큐처럼 즉석에서 구워 넓고 얇은 빵에 각종 샐러드와 함께 얹어 말아 먹는다.

시미트빵: 밀이 풍부한 나라답게 터키 사람들의 주식은 빵이다. 시미트는 수많은 빵 종류 중 하나로 담백한 맛이며, 중간에 구멍이 뚫린 도넛 형태로 위에 깨가 살짝 뿌려져 있다.

고프테: 케밥과 더불어 터키 음식의 양대산맥이라 불리는 음식으로 미트볼과 비슷하다. 고기를 뭉쳐 구워 밥이나 샐러드와 함께 먹는다.

피데: 피자같이 생겨서 터키식 피자라고 하지만, 이탈리아 피자가 이 피데에서 유래됐다는 설이 있다.

아이란: 터키식 요구르트에 물을 섞고 소금으로 간한 음료로 터키인들이 가장 사랑하는 대표 음료다.

11 13 Thu

단감샐러드
자연의 단맛으로 더 **건강한 샐러드**를 맛보자!

재 료
단감 25g, 어린잎채소 2g, 아몬드채 2g
소스 : 씨겨자소스 1g, 마요네즈 1g, 꿀 1g, 오렌지주스 2g

만드는 법
1 단감은 깨끗이 씻어 껍질을 벗기고 두께 0.7cm, 가로세로 2.5cm 크기로 썬다.
2 어린잎채소는 깨끗이 씻고 체에 밭쳐 물기를 뺀다.
3 단감, 어린잎채소, 아몬드채와 분량의 소스를 골고루 버무린다.

629.8 Kcal

오늘의 식단

잡곡밥

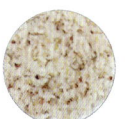
새우아욱국

카르보나라치킨

어묵채고추볶음

김구이

단감샐러드

배추김치

전통 엿

오늘의 급식 이야기

엿 먹으라고?
속되게 쓰기엔 정성이 가득한 전통식품

*11월*은 대입 수능시험이 있는 달. 시험 때마다 빠질 수 없는 선물은 바로 우리나라 전통식품인 엿이다. 잘 달라붙는 엿처럼 시험도 철썩 붙으라는 의미로 엿을 주는 것. 영양적으로도 엿당이 주성분인 엿은 두뇌 활동을 돕고 스트레스로 생기는 배탈을 막아 학생들에게 특히 이롭다.

엿이 만들어진 것은 1000년도 넘은 고려 초기 이전. 고려 중기 이규보가 지은 〈동국이상국집〉에 엿과 감주에 대한 내용이 등장한다. 조선시대에는 가락엿을 부딪쳐 속에 난 구멍의 크기를 비교하는 엿치기가 인기를 모았다. 1970년대만 해도 엿은 헌 고무신, 빈 병과 바꿔 먹던 소중한 군것질거리였다. 또 1990년대까지 입시 날이면 교문에 엿을 붙이며 합격을 비는 학부모들을 볼 수 있었다.

맛도 있고 의미도 좋은 엿은 '엿 먹어라'라는 속된 표현으로도 사용되는데 유래는 다음과 같다. 1964년 12월에 치러진 1965학년도 서울 지역 전기 중학교 입학시험에서 "다음 중 엿기름 대신 넣어서 엿을 만들 수 있는 것은 무엇인가?"라는 문제가 나왔다. 보기는 '1. 디아스타제 2. 꿀 3. 녹말 4. 무즙'이었는데, 그중 답은 1번이었다. 그런데 무즙을 선택한 학생들이 시험에 탈락하자 학부모들이 소송을 제기했다. 무즙으로도 엿을 만들 수 있었기 때문이다. 일종의 출제 오류였던 셈이다. 소송에 당황한 당시 교육감이 무즙으로 엿이 만들어진다면 정답 처리를 하겠다고 결정하자, 학생과 학부모들은 무즙으로 만든 엿을 솥단지째 교육위원회로 들고 갔고 그 자리에서 외친 첫 마디가 '엿 먹어라'였다고. 그 이후 우리 전통음식인 엿이 상대방을 비꼬거나 조롱할 때 '엿 먹어라'는 속된 표현으로 쓰이게 됐다.

웃지 못할 사정이 생겨났지만, 사실 엿은 정성 없이는 만들 수 없는 음식이다. 쌀, 옥수수, 고구마 같은 곡물에 엿기름(보리나 밀에 싹을 내서 말린 것)을 넣고 12시간 이상 삭힌 후 엿밥을 걸러내고 강한 불에서 7~8시간 저어가며 졸여야 한다. 이렇게 만든 엿을 잡아 늘여서 공기가 많이 들어가면 흰엿이 된다. 우리 조상들은 설날이나 정월대보름 아침에 복엿을 먹었는데, 돈을 많이 벌고 살림이 엿가락처럼 늘어나며 일 년 내내 건강하기를 기원했다.

11 14 Fri

627.9 Kcal

오늘의 식단

발아현미밥

한방갈비탕

햄두부장조림

진미채채소무침

메밀빙떡

석박지

배

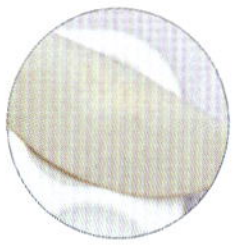

삼별초와 메밀빙떡

메밀빙떡
제주도에서 먹는 **특별한 떡**

재료
무 20g, 메밀가루 12g, 실파 2g, 소금 0.5g,
참기름 1.5g, 깨소금 0.3g, 식용유 1g

만드는 법
1 무는 채 썰어 소금으로 살짝 절인 후 물기를 짠다.
2 볶음 팬에 무, 소금, 참기름, 참깨, 실파를 넣고 살짝 볶는다.
3 메밀가루와 물을 섞어 흘러내릴 정도의 농도로 반죽한다.
4 부침 팬에 식용유를 두르고 메밀전병을 1mm 이내로 얇게 부친다.
5 메밀전병의 양쪽 2cm 정도씩 남겨두고 무채를 얹어 돌돌 만 후 남겨둔 양쪽 끝이 접히도록 가볍게 누른다.

빙떡은 더운 여름보다는 날씨가 선선해지는 가을이나 겨울철에 뜨끈하게 지져 먹으면 제맛이다. 빙빙 돌리면서 만들어 빙떡이라는 이름이 붙었다. 또 메밀 반죽을 국자로 빙글빙글 돌리면서 '빙철(번철)에 지진다'는 데서 유래됐다는 설도 있다. 제주도에서는 집안이나 마을의 대소사에 반드시 만드는 음식으로 정기떡이라고도 한다.

빙떡을 부칠 때는 기름을 적게 두르고 얇게 지져내야 소가 하늘하늘 비치고 맛이 있다. 메밀전병의 소는 무나물을 심심하게 만들어 넣고 전병을 돌돌 말아서 완성한다. 가을이나 겨울에 먹는 빙떡이 더 맛있는 이유는 바로 무가 맛있어지는 계절이기 때문. 제주 사람들은 메밀을 이용할 때 반드시 무를 함께 조리했는데, 여기에는 우리 선조들의 지혜가 숨어 있다.

제주도에 메밀이 전해진 계기가 고려 무신정권의 특수부대였던 '삼별초' 때문이고, 이로 인해서 빙떡이 탄생할 수 있었다는 설이다. 삼별초는 고려 최씨 무신정권의 사병 집단으로 대몽 항쟁의 핵심 집단이었다. 몽골 세력이 이를 토벌하기 위해 침입하자 삼별초는 전라도 진도로 근거지를 옮겼다가 다시 제주도로 건너와 대항했지만, 결국 몽골 세력에 의해 완패하고 말았다.

이 삼별초의 항쟁 때 삼별초를 도왔던 탐라(제주도)를 못마땅하게 여겼던 원나라는 탐라 사람들을 골탕 먹이기 위해 소화도 안 되고 독성이 있는 작물로 알려진 메밀을 전해주었다. 그런데 예상과는 달리 제주 사람들은 메밀을 가루로 낸 다음 소화 효소가 풍부한 무와 함께 조리해 별 탈 없이 먹어 원나라 사람들을 놀라게 한 것. 골탕은커녕 척박한 환경에서도 잘 자라는 메밀은 벼농사를 짓기 힘들었던 탐라 사람들에게 큰 도움이 되는 작물이 되었다. 빙떡은 제주 사람들의 삶의 지혜를 엿볼 수 있는 역사를 지닌 음식인 셈이다.

제주뿐 아니라 경북에서도 빙떡을 만들어 먹는데 제주의 것과는 조금 다르다. 쌀가루에 소금을 넣고 반죽해 동그랗게 전병을 부친 다음, 삶은 팥소를 넣고 말아 기름에 지지는데 경북에서는 멍석떡이라고도 부른다. 채소 같기도 하고 만두 같기도 한 빙떡은 사실 특별한 맛은 나지 않는다. 그러나 가끔 별미로 먹으면 심심하고 담백한 맛이 은근히 중독성 있다.

Today's Recipe

애호박들깨볶음
두뇌 발달에 좋은 애호박은 성장기 필수 식품!

재료
애호박 18g, 양파 5g, 실파 0.3g, 마늘 0.3g, 참기름 0.3g, 소금 0.2g, 들깨 가루 2g

만드는 법
1. 애호박은 깨끗이 씻어 0.3cm 두께로 반달썰기 한다.
2. 1의 애호박에 소금을 뿌려 1시간 정도 절이고 물기를 꼭 짠다.
3. 달군 팬에 참기름을 두르고 다진 마늘, 실파를 볶아 향을 낸다.
4. 3에 2를 넣고 볶다가 소금으로 간하고 들깨 가루를 넣어 마무리한다.

오늘의 식단

618.6 Kcal

클로렐라밥

북어달걀국

매운족발찜

애호박들깨볶음

천사채채소무침

깻잎간장절임

사과

오늘의 급식 이야기

'팽조지성' 재상이 된 요리사

'팽조지성(烹調之聖)'이란 요리의 성인이라는 뜻으로 상나라 탕왕의 유명한 요리사이자 재상이었던 이윤을 가리키는 말이다.

재상(宰相)이라는 직위는 임금의 바로 아래서 모든 관직을 통솔하는 위치에 있는 사람을 일컫는 경우가 많다. 한자로 宰에는 '주관하다, 맡아 다스리다, 잡다, 도살하다'라는 의미가 담겨 있는데 원래는 '요리사'라는 뜻이었다고. 그러니까 재상이라는 명칭은 요리사였다가 중국 최초의 명재상으로 유명해진 이윤(伊尹)에게서 비롯된 것이다.

이윤이 태어나던 해 대홍수가 발생해 피해가 심했는데, 당시 유신국 왕의 요리사가 이윤을 입양하게 됐다. 이윤은 양아버지에게서 요리를 비롯해 다양한 부문에 걸쳐 양질의 교육을 받아 성품이 훌륭하고 재능이 뛰어난 젊은이로 성장했고 대륙의 요리사가 되었다.

이후 신나라 공주가 상나라 탕왕과 혼인하며 이윤은 공주를 수행하여 상나라에 입성했는데, 탕왕이 이윤의 빼어난 요리 솜씨와 지혜로움을 알아보고 결국 등용하게 됐다. 그리고 백성을 배불리 먹이는 책임자란 의미에서 재상이라 불렀는데, 진나라 이후 지금과 같은 최고 행정책임자를 일컫는 말로 바뀌게 된 것이다.

탕왕은 중요한 국가 대사를 결정할 때 늘 이윤의 의견을 참고했는데 이윤은 요리에 빗대어 자신이 깨달은 바를 피력했다.

"한 왕조를 다스리는 것은 요리하는 것과 같습니다. 소금을 너무 많거나 너무 적게 넣으면 요리를 망치게 됩니다. 양념은 적당해야 합니다. 한 나라를 다스리는 왕은 너무 서둘러서도 너무 느려서도 안 됩니다. 모든 것을 일목요연하게 배치할 때만이 모든 것을 정연하게 처리할 수 있습니다. 이럴 때 백성들이 진심으로 환영하는 좋은 왕이 될 것입니다."

'요리의 성인'이라는 칭호를 들으며 요리의 기술을 나라 다스리는 데 접목한 이윤은 요리뿐만 아니라 전통 중국 의학 분야에서 여러 가지 약초를 물에 넣고 끓여 달이는 탕약을 처음 만든 사람이기도 하다. 현재 한약을 달이는 방법의 시초가 '이윤탕액(伊尹湯液)'이라 하여 이윤에게서 나온 것으로 알려졌다.

더덕정승 & 잡채상서

더덕정승
호흡기 질환에 탁월한 **더덕의 효능**

재료
더덕 15g, 찹쌀가루 3g, 검정깨 0.2g, 설탕 3g, 물 3g, 꿀 2g, 식용유 1g

만드는 법
1 더덕은 칼로 껍질을 벗기고 소금물에 씻은 후 방망이로 두들겨 부드럽게 한다.
2 더덕에 찹쌀가루를 묻혀 튀긴다.
3 팬에 설탕과 물을 넣어 젓지 말고 설탕이 녹으면 꿀을 넣어 시럽을 만든다.
4 2에 3의 시럽을 바르고 검은깨를 뿌린다.

광해군때 좌의정을 지낸 한효순은 더덕 요리를 바쳐 정승 자리에 올랐다는 소리를 들은 인물이다. 이긍익의 〈연려실기술〉에는 '처음에는 더덕정승의 권세가 드높더니 / 지금은 잡채상서의 세력을 당할 자가 없다'라는 노래가 실려 있다. 더덕정승은 더덕 요리로 출세한 한효순을 비꼬는 말이다. 더덕으로 음식을 만들어 바쳐서 출세했다며 욕을 먹는 한효순이지만, 임진왜란 때는 용맹을 떨치며 큰 공을 세운 장수였다. 왜의 수군을 격파해 경상좌도 관찰사로 승진을 했으며, 대담한 작전으로 적군의 간담을 서늘하게 만들었던 것. 그러나 광해군 집권 후 더덕으로 음식을 만들어 임금의 총애를 살 정도로 권력에 욕심을 냈던 것으로 전해진다.

조선왕조실록에는 한효순의 집에서 만든 더덕 요리와 이충의 집에서 만든 잡채가 그 맛이 특별하고 독특하다고 기록되어 있다. 도대체 어떤 요리길래 실록에까지 등장했을까.

한효순의 집에서 만들었다는 더덕 요리는 밀병이라 해 더덕을 껍질 까서 두드린 후 찹쌀가루를 입혀 기름에 지지고 다시 꿀로 버무린 더덕강정으로 추측된다.

그런가하면 잡채상서는 조선 광해군 때 이충이라는 사람이 왕에게 뇌물로 올려 호조판서가 되었다는 일화에서 유래했다. 광해군이 먹었다는 이충의 집에서 만든 잡채는 당면이 들어가지 않는 것은 물론이고 고기도 넣지 않았다. 대신 도라지, 오이, 숙주, 가지, 버섯, 미나리 등의 각종 나물을 익혀 무친 요리였다.

오늘날 잡채는 일반 가정에서도 쉽게 만들어 먹는 별미이지만, 원래는 궁중에서 먹었던 귀한 음식이었다. 잡채 조리법에 대한 최초의 문헌은 1670년경에 발간된 〈음식디미방〉이다. 잡채는 정조대왕이 을묘년(1795년)에 현륭원에 행차한 내용을 정리한 〈원행을묘정리의궤〉에도 등장한다. 물론 이때까지도 잡채 재료로 당면이 등장하지 않는다.

우리나라 당면의 역사는 중국의 당면 제조 기술을 배운 한 일본인이 1912년 평양에 소규모 당면 공장을 열고 당면을 생산하면서부터다. 그리고 1919년 우리나라의 양재하라는 사람이 황해도 사리원에 중국인 종업원을 고용해 광흥공장이라는 상호를 내고 천연 동결 방법으로 대량 생산을 시작한 것이 본격적인 국내 당면 역사의 시작이다.

11 19 Wed

오늘의 식단

들깨밥

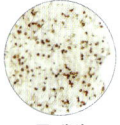
대구따로국밥

마산아귀미더덕찜

동래파전

우엉김치

안동식혜

경주빵

상주곶감

667.8 Kcal

Today's Recipe

아귀미더덕찜
바다의 영양 담아 **푸짐하게 한상**

재료
아귀살 30g, 미더덕 6g, 콩나물 20g, 미나리 2g, 양파 3g, 실파 1g, 찹쌀가루 1g, 전분 1.3g
양념 : 마늘 1.2g, 생강 0.1g, 고춧가루 1.5g, 국간장 0.3g, 까나리액젓 0.3g, 참기름 0.7g, 참깨 0.2g, 청주 0.5g, 매실청 0.5g, 후춧가루 0.01g

만드는 법
1 아귀는 손질한 후 소금과 청주를 넣고 데친다.
2 양파는 채 썰고 미나리는 4cm 길이로 썬다.
3 콩나물은 머리와 꼬리를 떼어내고 끓는 물에 소금을 넣어 살짝 데친 후 찬물에 헹궈 체에 밭친다.
4 미더덕은 끝부분을 꼬치로 찔러 물을 빼고 미더덕 물은 잘 받아둔다.
5 분량의 양념 재료와 4의 미더덕 물을 고루 섞고, 전분과 찹쌀가루는 물에 갠다.
6 볶음 솥에 콩나물, 양파, 미더덕, 아귀를 순서대로 얹고 양념장을 넣어 중간 불에서 버무리듯 볶는다.
7 6에 실파, 미나리와 물에 개어둔 전분과 찹쌀가루를 넣고 익힌 후 참기름으로 향을 내고 참깨를 뿌린다.

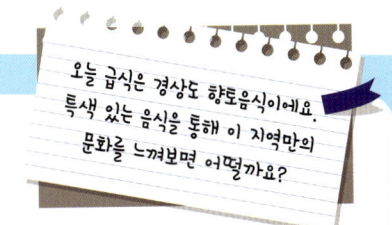

오늘 급식은 경상도 향토음식이에요. 특색 있는 음식을 통해 이 지역만의 문화를 느껴보면 어떨까요?

뚜렷한 지역 특색답게 맛이 강한 **경상도 음식**

경상도는 가야 문화, 신라의 불교 문화, 유교 문화가 조화를 이루는 우리 민족 문화의 본산지. 지리적으로는 지맥과 크고 작은 분지가 많아 외래 문화의 유입이 다른 지역에 비해 늦었는데, 이로 인해 불편한 점도 있었지만 덕분에 지역 고유의 문화가 잘 보존될 수 있었다. 경상도 음식은 대체로 입안이 얼얼하도록 맵고 간은 세게 하는 편이다.

대구따로국밥 : 대구를 상징하는 따로국밥은 쇠고기에 파를 뭉텅뭉텅 썰어 넣어 오래 끓인 국에 밥을 만 것인데 국밥을 낼 때 "밥은 따로 내라"고 이르던 것이 그 후 자연스레 따로국밥으로 불리게 되었다.

동래파전 : 찹쌀가루, 굴, 오징어, 달걀 등을 넣어 부치는 동래파전은 동래장터에서 동래의 파와 앞바다의 싱싱한 해물이 어우러진 파전이 깊고 구수한 맛을 내 사람들에게 인기를 끈 데서 비롯됐다는 설이 있다.

마산아구찜 : 고춧가루와 다진 파, 마늘, 미더덕, 콩나물, 미나리, 아귀를 넣어 매우면서도 개운한 맛이 일품. 마산시에서는 관광객 유치 홍보를 위해 아귀찜을 9경(景) 5미(味) 가운데 1미로 선정하기도 했다.

안동식혜 : 일반 식혜와는 달리 찹쌀을 찜통에 쪄서 만든 찰밥에 고춧가루, 무채, 밤채, 생강채를 섞고 엿기름을 넣어 발효시킨 음료로 빛깔은 나박김치와 비슷하나 약간 걸쭉하고 톡 쏘는 듯 독특한 맛을 낸다.

상주곶감 : 예전에는 싸리나무 대에 껍질 벗긴 감을 줄줄이 꿰어서 말렸는데, '싸리대를 감에 곶는다(꽂는다의 옛말)' 하여 곶감이 되었다.

11 20 Thu

629.7 Kcal

오늘의 식단

율무밥

쇠고기버섯국

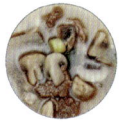
삼치유자청구이

취나물청국장무침

게맛살팽이달걀볶음

배추무겉절이

귤

Do you like 우유 or 두유?

"미래를 위한 가장 훌륭한 투자는 어린이에게 우유를 많이 먹이는 일이다." 영국 수상 처칠(Winston Churchill)의 말이다.

대략 기원 전 4000~6000년부터 식품으로 이용하기 시작한 우유는 아주 오랜 옛날부터 인류에게 영양을 공급해주는 귀한 식품이었다. 강우량이 부족해 쌀농사가 거의 불가능한 서아시아에서 시작된 유목 생활은 비가 적고 서늘한 유럽으로 전파되어 목축업으로 크게 발전했고, 우유는 육류와 함께 그들의 중요한 식품이 되었다. 우리나라에서도 우유는 삼국시대부터 등장하는 귀한 식품. 백제 의자왕 때 복상이라는 사람이 일본에 건너가 왕에게 유락(乳酪, 버터나 크림같은 유제품)을 만들어 바쳤다는 내용이 〈삼국유사〉에 기록되어 있으며, 〈고려사〉에는 국가 상설 기관으로 '유우소'라는 목장을 설치해 왕실과 귀족 등 지위 높은 사람들에게 우유를 공급했다고 기록하고 있다.

현재 대량으로 생산하는 우유는 초고온 순간 살균으로 만드는데 전체 우유 생산량의 90% 이상 차지한다. 우유를 120℃ 이상 가열하면 우유 단백질 중 유청 단백질이 80℃ 정도에서 변성한다. 그러나 이 과정에서 단백질의 입체 구조가 변화하는 것일 뿐 영양적인 변화가 아니며, 오히려 가열 변성에 의해 소화성이 높아지기 때문에 상대적으로 영양분 섭취율을 높일 수 있는 효과까지 있다.

우유의 사촌 격인 두유도 많은 각광을 받고 있다. 〈삼국유사〉 등에 이미 콩에 대한 기록이 나오는 것으로 미루어 삼국시대 초기부터 콩이 본격적으로 재배되었음을 알 수 있다. 고려 고종(1236년)때 〈향약구급방〉에서 언급한 것으로 보아 두즙은 통일신라 초기 때부터 만든 것으로 짐작된다.

두유는 우유나 유제품 등에 장이 민감하게 반응해 속이 더부룩해지거나 복통·설사를 유발하는 유당불내증, 우유 유당의 일부인 갈락토스를 신체에 유용한 포도당으로 바꾸지 못하는 갈락토세미아증, 그리고 우유 알레르기가 있는 사람에게 우유를 대체할 최적의 식품이다. 이런 점을 우려하는 엄마들은 실제로 아기에게 우유 대신 두유를 먹이는 경우가 많은 것으로 알려졌다.

우유와 두유는 모두 훌륭한 단백질 공급원이다. 100ml당 단백질 함량이 우유는 3.2g, 두유는 4.4g 가량으로 두유가 약간 우세하다. 우유의 단백질은 카제인과 유청이지만 두유의 단백질은 콩단백질이라, 단백질의 질은 우유가 낫다. 두유에는 우유엔 없는 이소플라본(식물성 에스트로겐)이라는 성분이 있는데 갱년기 여성에게 두유를 권하는 것은 이소플라본이 골다공증을 예방하고 갱년기 증상을 덜어주기 때문. 폐경기 여성이 두유 등 콩 제품을 꾸준히 섭취하면 이소플라본이 안면홍조·식은땀·불면·우울 등 갱년기 증상을 개선시키는 것으로 알려졌다.

게맛살팽이달걀볶음
게맛살과 팽이버섯의 조화로운 식감

재료
달걀 20g, 팽이버섯 10g, 게맛살(크래미) 10g, 청주 1g, 소금 0.2g, 후춧가루 0.01g, 참기름 0.5g, 식용유 0.5g

만드는 법
1 게맛살은 결대로 찢는다.
2 팽이버섯은 뿌리 쪽 갈색 부분을 잘라낸 뒤 적당히 떼어 세척하고 체에 받쳐 물기를 뺀 후 볶음 팬에 참기름, 소금을 넣고 강한 불에서 살짝 볶는다.
3 달걀은 잘 풀어 청주, 후춧가루, 소금으로 간한다.
4 볶음 솥에 식용유를 두르고 3의 달걀을 저으면서 부드럽게 익히다가 게맛살, 팽이버섯을 넣고 살살 섞는다.

11 21 Fri

오늘의 식단

검정콩밥

무시래깃국

편육

굴무생채

알배기/상추쌈

양념된장

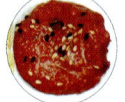
보쌈김치

부편

630.1 Kcal

Today's Recipe

돼지고기보쌈
갓 담은 김치와 함께 먹으면 **일품!**

재료
돼지고기 목살 80g, 양파 3g, 대파 0.6g, 생강 0.4g, 마늘 1g, 된장 2g, 간장 1g, 흑설탕 1g, 청주 0.5g, 매실청 0.5g, 월계수 잎 0.01g, 후춧가루 0.01g

만드는 법
1 돼지고기는 찬물에 1시간 정도 담가 핏물을 뺀다.
2 마늘, 생강, 양파, 대파를 씻어 통으로 준비한다.
3 국솥에 물을 붓고 2의 재료와 돼지고기를 넣은 뒤 된장, 간장, 흑설탕, 매실청, 청주, 후춧가루, 월계수 잎을 넣고 강한 불에서 10분 정도 끓이다 중간 불로 낮춰 35분 정도 끓인다.
4 고기가 다 익으면 건져서 결 반대 방향으로 가로세로 3.5cm, 두께 0.4cm 크기로 썬다.

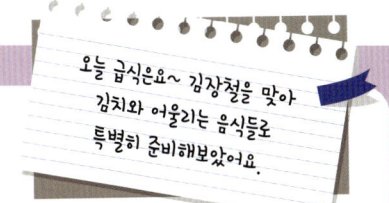

11월 22일은 김치데이!!

하나(1) 하나(1)의 재료가 모여 22가지 이상의 효능을 가진다는 뜻으로 한국김치협회가 2007년에 11월 22일을 김치의 날로 지정했다. 입동 전후인 11월 22일은 앞뒤 1주일 동안 김장하기에 가장 좋은 시기다. 김장은 식재료를 수확하는 일이 거의 없는 겨울부터 봄까지 먹기 위한 김치를 한 번에 많이 담가두는 것으로 조상들의 지혜가 담긴 월동대책이다. 사시사철 먹을 것이 풍부한 지금과는 달리 겨울이 되면 먹을 만한 채소와 과일이 적었던 예전에는 김치가 든든한 양식이자 영양 보충 식품이었던 셈이다.

겨울을 든든하고 건강히 나기 위한 우리 조상들의 지혜가 담긴 김장은 유네스코 인류무형문화유산에도 등재되었다. 2013년 12월 5일 아제르바이잔 바쿠에서 열린 제8차 유네스코 인류무형문화유산보호 정부간위원회는 김장문화를 유네스코 인류무형문화유산 대표 목록에 등재했다. 위원회는 "한국인의 일상생활에서 세대를 거쳐 내려온 김장이 한국인들에게는 이웃 간 나눔 정신을 실천하는 한편 연대감과 정체성, 소속감을 증대시켰다"고 그 의미를 높이 평가했다.

문화재청은 등재 신청 당시 서류에 한글로 '김치와 김장문화', 영문으로는 'Kimjang ; Making and Sharing Kimchi'로 각각 표기했다가 공식 명칭을 '김장문화'로 급히 수정했다. 이는 2010년 음식문화를 처음으로 인류무형문화유산에 등재한 유네스코가 피자, 스시 같은 특정 음식의 이름 등재를 금기시했기 때문. 애초에는 음식의 상업화에 대한 우려가 이유였지만, 김치의 경우 한국이 김치 종주국으로 인정되는 것을 시기한 중국과 일본의 견제가 심했다는 이야기도 있다. 결국 우리나라 고유의 김장은 '김장문화(Kimjang ; Making and Sharing Kimchi in the Republic of Korea)'로 등재되었다.

11 24 Mon

Today's Recipe

고등어양념구이
생선 편식 염려 없는 감칠맛 **최고의 메뉴**

재료
자반고등어 45g, 밀가루 2g, 콩기름 1g, 식초 0.5g, 후춧가루 0.01g, 청주 0.5g, 생강 0.3g
양념 : 물 8g, 실파 1.5g, 마늘 1g, 생강 0.3g, 고춧가루 1g, 고추장 2g, 물엿 1g, 매실청 0.5g, 청주 0.5g, 참기름 1g, 참깨 0.1g

만드는 법
1 자반고등어는 식초, 청주를 넣은 물에 씻어 물기를 빼고 후춧가루, 청주, 생강즙으로 밑간한다.
2 식용유를 두르고 175~180℃로 달군 팬에서 밀가루를 입힌 1의 고등어를 바삭하게 튀겨낸다.
3 소스용 팬에 양념 소스를 넣고 양이 반 정도 줄어들 때까지 중간 불로 졸인다.
4 튀긴 고등어를 바트에 담고 3을 발라준다.

오늘의 식단

보리밥

시금치감잣국

고등어양념구이

미니새송이장조림

케이준샐러드

배추김치

방울토마토

오늘의 급식 이야기

잘 봐줍쇼!
사바사바~~
고등어

625.1 Kcal

고등어(高等魚)라는 이름은 '등이 둥글게 부풀어 올랐다'고 해서 붙은 이름이다. 중국에서 노인의 등에 생기는 반점이 마치 고등어 등에 있는 반점과 같다 하여 '고배어(古背魚)'라 한 것이 등 배(背) 자를 아예 등으로 읽어 고등어가 되었다는 설도 있다. 일본에서는 '사바' 또는 '마사바'라고 부른다.

일본어로 고등어를 반복하면 '사바사바'인데 왠지 많이 들어본 것 같은 느낌이 들지 않는가. 보통 떳떳하지 못하게 일을 처리하거나 아부하는 행위를 속된 말로 사바사바라고 한다. 예전에 일본에서는 고등어가 귀한 생선이었는데 한 일본인이 나무통에 뇌물로 줄 고등어 2마리를 담아 관청에 일을 부탁하러 가던 중에 어떤 사람이 그게 뭐냐고 묻자 '사바를 가지고 관청에 간다고 말한 것이 은밀한 뒷거래를 뜻하는 의미로 '사바사바한다'라고 와전된 것이다. 사바사바가 우리가 즐겨먹는 고등어를 일컫는 말이었다니 놀라울 따름이다.

고등어는 물 표면에 떠서 사는데 등 색깔이 푸른 것은 하늘에서 내려다보았을 때 포식자가 바다색과 구별하지 못하게 하기 위해서이고, 은백색의 배는 물 밑에 있는 포식자가 위를 쳐다보았을 때 분간하기 힘들어 생존 경쟁에서 살아남기 위한 훌륭한 위장술이다.

고등어는 '살아서도 부패한다'라는 말이 있을 만큼 낚아 올리는 즉시 죽으면서 붉은 살 부위의 부패가 빠르게 진행되는데 이때 두드러기·복통·구토 등 알레르기를 유발하는 성분인 히스타민으로 바뀐다. 이처럼 부패가 빠른 고등어를 더 오래 두고 먹기 위한 우리 선조의 지혜가 바로 소금에 절여 저장해 먹는 '자반고등어'다. 간고등어라고도 하는데 이 방법이 안동에서 유래되었다는 설이 있다. 바다와 떨어져 있는 안동에서 생선은 무척 귀한 산물이었다. 교통이 여의치 않던 시절 강구, 영덕 지역에서 잡은 고등어를 내륙 지방인 안동으로 들여와 판매하려면 꼬박 하루가 걸려야 임동면 장터에서 도착할 수 있었다. 이곳에서 창자를 제거하고 뱃속에 소금을 한 줌 넣어 팔았는데 이것이 얼간재비 간고등어다. 임동면에서 다시 안동까지 10리나 되었고 걸어서 안동장에 이르러 팔기 전에 한 번 더 소금을 뿌렸는데, 달구지에 실려 안동까지 오는 동안 바람과 햇볕에 자연 숙성되었고 자연스레 물기가 빠져 나오면서 안동에 도착할 쯤엔 육질이 단단해지고 간이 잘 배어 맛있는 안동 간고등어가 된 것이다.

11 25 Tue

626.2 Kcal

오늘의 식단

흑미밥

불낙전골

명엽채볶음

청경채무침

난자완스

강화순무김치

사과

철종의 슬픈 사연이 담긴 강화순무

불낙전골
소고기와 낙지의 영양을 한번에 맛보다!

재료
소고기 20g, 낙지채 20g, 다시마 2g, 무 10g,
배추 7g, 표고버섯 3g, 양송이 3g, 팽이버섯 2g,
양파 5g, 대파 3g, 마늘 0.5g, 고춧가루 1g, 청주 1g,
간장 2g, 참기름 1g
양념 : 간장 0.5g, 마늘 0.2g, 설탕 0.1g,
후춧가루 0.02g, 참기름 0.3g

만드는 법
1. 찬물에 다시마, 무를 넣고 끓여 육수를 낸다.
2. 양파는 0.5cm 두께로 채 썰고 표고버섯은 기둥을 떼고 채 썰고 양송이버섯은 모양대로 썰고, 팽이버섯은 밑동을 잘라 가닥가닥 뗀다. 배추는 가로 2cm, 세로 4cm로 썬다.
3. 쇠고기는 표고버섯과 함께 분량의 양념에 고루 버무려 재운다.
4. 낙지는 4cm 크기로 썰어 간장, 참기름, 청주로 밑간한다.
5. 1의 육수를 끓이다 쇠고기를 넣고 한소끔 끓인 후 낙지, 양파, 표고, 양송이, 팽이버섯을 넣고 끓이다 파를 넣고 국간장으로 간한다.

강화순무를 좋아했던 철종은 세도정치가 이루어지던 때, 왕족인 아버지(훗날 전계대원군으로 추대)가 강화도에 유배되어 가족 모두 강화도에서 살아야 했고, 큰형인 회평군은 사사를 당하는 등 어려운 생활을 이어갔다. 철종은 19세가 되도록 군의 칭호를 받지 못했고 장가도 들지 못했을 뿐 아니라 급기야 고아가 되어 많은 고충을 겪었다. 나무를 해서 팔거나 남의 집 일을 도와 겨우 먹고사는 처지였다. 별명이 '강화도령'이었던 철종은 헌종 임금이 갑자기 죽자 안동 김씨 측의 뜻에 따라 졸지에 왕이 되었다. 권력을 자기네 마음대로 휘두르기 위해 무식한 왕족을 왕으로 옹립한 것. 그러나 철종은 1863년 재위 14년 만에 33세의 나이로 죽었으며 자식들도 모두 일찍 죽었다.

이처럼 왕 중에서도 유난히 불행하고 안쓰러운 삶을 살았던 철종은 어린 시절 강화도에서 먹던 총각김치 맛을 잊지 못해 병까지 얻었는데, 결국 주방상궁을 강화도로 보내 그 담금법을 배우게 해서 식욕을 되찾았다고 전해진다.

강화순무는 생김새가 팽이 모양으로 둥글고 윗부분은 보랏빛을 띠며 아랫부분은 하얗다. 잎은 진한 녹색을 띠는데 갓을 많이 닮았다. 식물 분류학상으로 보면 무가 아니라 배추와 염색체 수가 같다고 한다. 식감은 무보다 더 아삭하고 알싸한 맛이 난다. 배추꼬리 맛과 비슷한데, 씹으면 달착지근하면서 인삼 맛 같기도 하고 겨자향이 나는 것 같기도 하다. 〈동의보감〉에는 '봄에는 새싹을 먹고 여름에는 잎을 먹으며, 가을에는 줄기를 먹고, 겨울에는 뿌리를 먹는다'고 기록되어 있어 강화순무의 다양한 요소를 예부터 이용한 것을 알 수 있다.

순무는 무와 마찬가지로 탄수화물 소화 효소인 아밀라아제, 디아스타제가 많은 것 외에 유황 화합물이 다량 함유되어 있어 암 예방 효과가 탁월하다. 특히 식도, 폐, 간, 대장 등의 암 예방에 탁월한 효과가 있는 것으로 알려져 있다.

순무의 사촌격인 콜라비도 주목할 만하다. 양배추와 순무를 교배시켜 비타민 C 함유량이 상추나 치커리 등의 엽채류에 비해 4~5배나 높고, 식용으로 하는 비대한 줄기는 주로 샐러드로 이용하며, 맛은 배추뿌리와 비슷하지만 매운맛은 덜하다. 케일 비슷하게 생긴 잎은 쌈채소와 녹즙으로 이용한다. 콜라비는 100g당 열량이 27Kcal로 매우 낮으면서 섬유질이 풍부해서 고지혈증이나 비만에 좋다. 더욱이 달고 아삭거림이 있어서 채소라기 보다는 과일로 생각하고 먹어도 될 정도다.

오늘의 급식 이야기

대한민국 대표 전통음식 침채에서 **김치**가 되다

육포전
고소하고 담백한 육포의 맛

재료
육포 7g, 달걀 7g, 실파 3g, 청주 1g, 튀김가루 10g, 식용유 1g

만드는 법
1 육포는 가로세로 1cm, 두께 0.3cm 크기로 잘라 찬물에 30분 정도 담근다.
2 실파는 1cm 길이로 송송 썬다.
3 육포, 실파, 달걀, 청주, 튀김가루를 섞고 육포 담근 물을 넣어 고르게 반죽한다.
4 식용유를 두른 팬에 3의 반죽을 30g 정도씩 떠놓고 앞뒤로 노릇하게 지진다.

김치는 침채→팀채→딤채→김채에서 바뀐 말이다. 채소를 소금이나 소금물에 담가 가라앉혔다는 뜻으로 '침채(沈菜)'라 했는데 시간이 지나면서 발음이 조금씩 변한 것이다. 우리나라 김치는 다양한 종류를 자랑한다.

총각김치 : 총각이 당연히 순우리말인 줄 아는 사람이 많지만 사실은 한자로 '總角'이다. 총(總)은 '모두'라는 뜻을 나타내지만, 본래 '꿰매다, 상투 틀다'라는 뜻도 있다. 각(角)은 '뿔'을 나타낸다. 총각은 조선시대 남자아이 머리를 두 갈래로 나눠 양쪽에 뿔 모양으로 묶은 데서 비롯한 말로, 혼인하지 않아 상투를 틀지 못하는 남자는 아이와 마찬가지라는 데서 지칭한 것이다. 총각김치는 그 머리 모양을 닮은 데서 이름을 따왔다고 한다. 또 다른 설은 옛날에 한양을 둘러싼 성벽의 동서남북에 문이 있어서 안과 밖을 오갈 수 있었다. 이 사대문 안에는 신분 높은 양반들이 살았고 사대문 밖에는 가난한 백성들이 살았다. 사대문 안에서는 김치를 담그거나 반찬을 할 때 좋은 재료만 골라서 썼다. 그리고 먹을 것이 없던 사대문 밖에서는 나이가 차도 혼인을 못한 거지 총각들은 양반들이 버린 무를 주워 김치를 담가 먹었다. 총각김치의 무를 거꾸로 잡으면 무 잎이 축 처지는 모습이 꼭 거지 총각들의 풀어헤친 머리 모양과 같아 '총각김치'라는 이름이 붙게 되었다는 것.

깍두기 : 젓무·홍저(紅菹)라고도 하며, 궁중에서는 송송이라 했다. 평양 동치미가 유명하듯 깍두기는 공주 깍두기가 유명한데, 홍선균은 〈조선요리학〉에서 그 유래에 대해 다음과 같이 설명했다. "정조 때 왕의 딸인 홍현주의 부인이 처음으로 만들어 왕에게 바쳤다. 당시의 이름은 각독기라 하였는데, 공주로 낙향한 정승한 사람이 '깍두기'를 민간에 퍼뜨렸기에 공주 깍두기라는 이름이 나왔다."

동치미 : 겨울 '동(冬)'과 김치의 어원 '침채(沈菜)'에서 김치를 나타내는 '침(沈)'을 붙인 '동침'에 접미사 '이'가 붙은 것이 발음하기 쉽게 동치미로 변형됐다. 겨울에 먹는 김치라는 뜻이다. 동치미 국물은 겨울철 별미 음식을 만드는 데 중요한 재료로 사용된다. 1960~1970년대 동치미는 각 가정에서 민간요법으로 쓰는 비상약이나 다름없었다. 연탄을 때던 시절이라 가스 중독 사고가 다반사였는데, 혼미해진 정신을 깨울 때 가장 급하게 사용했던 게 바로 동치미국물이었다. 동치미에 디아스타제 등 소화 효소가 특히 많이 들어 있고 그것이 발효됐을 땐 더 큰 효과를 거둔다는 사실이 알려지면서, 최근 동치미가 새롭게 각광받고 있다고 하니 반가운 소식이다.

열무김치 : 어린 무, 또는 여리다고 해서 붙여진 이름 '열무김치'. 무더운 여름, 보리밥에 열무김치를 얹어 매콤한 비빔밥으로 먹으면 더위를 날리고 입맛을 찾아주는 별미다. 섬유질과 비타민이 풍부할 뿐더러 인삼과 산삼에 함유된 사포닌이라는 성분까지 들어 있어 기력을 회복하는 데도 그만이다.

11 27 Thu

628.3 Kcal

오늘의 식단

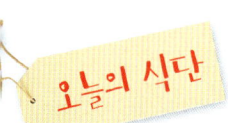
혼합곡밥

순두부김치찌개

마늘아몬드조림

쇠고기파볶음

비엔나채소볶음

유채겉절이

파인애플

옐로 블라썸
(Yellow blossom)
유채

유채꽃밭을 보면 제주도가 떠오르듯, 노오란 유채는 귤과 함께 제주도를 상징하는 식물이었다. 옛날에 제주도는 해마다 몰아치는 태풍 탓에 참깨 농사가 어려워 참기름이 매우 귀했다고. 그런데 유채는 이른 봄에 꽃이 피고 여름에 태풍이 오기 전에 열매를 채취해 기름을 짜는 것이 가능했기 때문에 식용 기름을 확보할 수 있는 유용한 작물이었다. 그뿐만 아니라 1970년대까지만 해도 자식 대학 보낼 걱정을 덜어주던 고소득 작물이어서 봄마다 제주도는 유채꽃으로 노랗게 물들었다.

본래 제주도 사람들은 유채를 '겨울초'라고도 하고, '지름나물' 또는 '평지나물'이라고도 하여 다용도로 사용해왔다. 유채꽃이 피기 전인 3~4월에는 싹튼 지 얼마 되지 않는 어린잎을 '하루나(일본어로 봄에 싹트는 채소라는 뜻)'라고 하여 씹을수록 달콤 쌉싸래한 맛이 나는 나물 무침을 해먹거나 김치를 담그고, 쌈 채소로 이용하여 봄 입맛을 돋웠다. 또 꽃이 피면 신선한 풀 냄새가 나는 유채꿀을 채취했다. 유채꿀은 일반 꿀에 비해 포도당이 많아 생산 후 며칠이 지나면 하얗게 굳는 경우가 있는데, 문제가 있는 것은 아니며 중탕해서 녹이면 원래대로 돌아온다.

열매는 기름을 짜 식용·공업용·의학용 등으로 사용했는데, 유채기름에 지방산 중 하나인 에루스산이 높게 함유되어 심장과 신장에 지방 축적, 골격근과 심근 장애, 생육 부진을 일으킬 수 있음이 알려지면서 캐나다에서부터 식용 판매가 금지됐고 우리나라도 1970년대부터 유채기름이 사라졌다. 그러나 이후 캐나다에서 에루스산 함량이 1% 이하인 유채 품종인 카놀라가 도입돼 우리나라에 맞는 품종으로 개량되었고, 카놀라유는 현재 주방에서 많이 사용하는 식용 기름 중 하나가 되었다. LDL 콜레스테롤을 저하시키는 올레산의 함량이 높고 포화지방산 함량이 낮은 카놀라유는 발연점이 높아서 잘 타지 않기 때문에 부침개나 튀김, 커틀릿 등에 이용하면 바삭한 맛을 제대로 느낄 수 있다.

이렇게 다양한 용도 때문인지 세계 유채 재배 현황을 보면 1990년도에 비해 재배 면적과 생산량이 꾸준히 증가하고 있다. 유채는 아시아, 북아메리카, 유럽의 순서로 생산량이 많으며 북미에서는 캐나다에서 94% 이상이 생산되고 있다.

우리나라는 주로 남부 지역에서 재배하고 있는데, 1991년 농산물 수입 개방 이후 유채가 정부 수매 품목에서 제외되고 가격이 낮은 외국산이 수입되면서 제주도 유채는 경쟁력을 잃고 있다. 최근에는 관광지 주변이나 도로변, 소득 작물을 심을 수 없는 곳에서만 유채꽃을 볼 수 있는 실정이라니 안타깝다.

유채겉절이
꽃으로 만든 **상큼한 김치**

재료
유채 14g, 실파 0.8g
양념 : 마늘 0.8g, 고춧가루 0.5g, 까나리액젓 0.7g, 참기름 0.8g, 참깨 0.2g, 설탕 0.2g, 매실청 0.3g

만드는 법
1 유채는 깨끗이 씻어 4cm 길이로 자른다.
2 실파는 2cm 길이로 썰고 마늘은 다진다.
3 유채, 실파에 분량의 양념을 넣어 고르게 섞고 참기름으로 향을 낸다.

11 28 Fri

638.2 Kcal

오늘의 식단

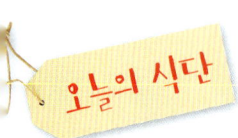
뿌리채소영양밥

미나리간장양념장

들깨무챗국

도토리묵무침

다시마김자반

표고구멍떡강정

배추김치

바나나

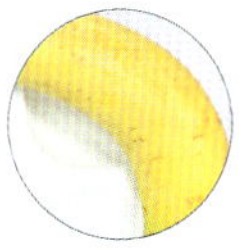

뿌리채소영양밥
밥 안에 각종 영양이 가득한 일품 레시피!

재 료
일반미 30g, 찹쌀 10g, 기장밥 5g, 은행 6g, 땅콩 4g, 완두콩 3g, 연근 10g, 우엉 10g, 당근 10g, 다시마 0.3g, 참기름 0.6g, 식초 0.5g
양념 : 다시마물 7g, 미나리 2g, 간장 4g, 참기름 0.6g, 참깨 0.2g, 매실청 0.5g

만드는 법
1 연근은 8등분으로 썰고 우엉과 당근은 가로세로 1cm 길이로 깍뚝 썬다.
2 당근, 완두콩, 땅콩을 데치고 연근, 우엉은 끓는 물에 식초를 넣어 데친다.
3 은행은 볶아서 껍질을 벗긴다.
4 쌀, 찹쌀, 기장은 1시간 정도 물에 불린 후 물기를 빼고 참기름을 넣어 살짝 볶는다.
5 4에 준비한 재료를 올린 뒤 다시마물을 붓고 고슬고슬하게 밥을 짓는다.

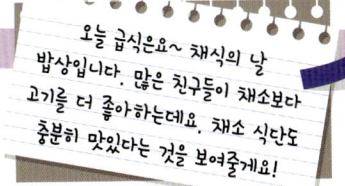

오늘 급식은요~ 채식의 날 밥상입니다. 많은 친구들이 채소보다 고기를 더 좋아하는데요. 채소 식단도 충분히 맛있다는 것을 보여줄게요!

달걀, 우유, 버터 없는
비건 베이킹, 채식주의자에게 안성맞춤

채식주의자 중에서도 동물성 기름을 전혀 먹지 않는 비건(vegan)을 위한 베이킹이 건강 면에서 많은 각광을 받고 있다. 베이킹에 빼놓을 수 없는 주재료인 달걀, 우유, 버터를 전혀 쓰지 않는 레시피다. 포도씨유, 카놀라유, 올리브유 같은 식물성 오일과 레몬즙, 밀가루, 전분, 두유, 두부, 바나나 등을 사용하며 여기에 취향에 따라 시럽과 견과류, 말린 과일 등을 첨가하면 일반 베이킹과 크게 다르지 않다.

비건 베이킹은 채식주의자뿐만 아니라 우유를 먹으면 소화가 잘 되지 않거나, 우유 또는 달걀 알레르기가 있는 학생들도 부담 없이 즐길 수 있어 영양 선생님도 안심하고 학교급식 메뉴로 혹은 대체식으로 낼 수 있다. 채식 베이킹인 만큼 재료 고유의 맛을 살려 맛이 무겁지 않고 느끼함 없이 담백하며, 동물성 지방을 함유하지 않아 칼로리에 대한 부담도 적다.

베이킹 과정에서의 장점은 거품 내고 섞는 복잡한 과정이 많이 감소한다는 것. 보통 달걀을 거품 내는 과정에서 베이킹에 실패하는 경우가 많은데 손 거품기로 슥슥 휘젓기만 하면 돼 초보자도 쉽게 만들 수 있는 알짜 레시피인 셈이다. 더욱이 빵 종류에 제약이 거의 없어 쿠키·케이크·타르트·머핀·파운드·푸딩·브라우니 등 다양한 빵을 건강하고 맛있게 만들 수 있기 때문에 채식주의자가 아니더라도 색다른 베이킹에 한 번쯤 도전해볼만하다.

월요일	화요일	수요일	목요일	금요일
1 (생일 밥상) 쌀밥 홍합미역국 돼지불고기구이 유부잡채 멸치야채전 배추김치 골드키위 생일 케이크 691.5 Kcal / 크리스마스	**2** 차조밥 감자만둣국 조기구이 도라지누르미 무조림 봄동된장무침 포도 632.3 Kcal / 굴비	**3** 기장밥 브로콜리스프 김치함박스테이크 파프리카김무침 파르팔레샐러드 깍두기 귤 681.2 Kcal / 올리브	**4** 보리밥 냉이된장국 닭갈비 건도토리묵어묵조림 숙주무침 총각김치 단감 620.5 Kcal / 숙주나물	**5 (이벤트 밥상)** 렌틸콩밥 얼큰쇠고기두붓국 부추청국장전 연어참깨튀김 블랙올리브샐러드 배추김치 그릭요거트 641.1 Kcal / 5대 건강식품
8 발아현미밥 유채된장국 달걀장조림 오징어볶음 콩나물오이무침 배추김치 방울토마토 609.2 Kcal / 달걀	**9** 율무밥 부추완자탕 가자미탕수 스팸간장조림 연근무침 갓김치 배 623.9 Kcal / 겨자, 갓	**10 (세계음식의 날)** 쌀밥 우동 오코노미야끼 타코노스모노 니모노 치자단무지/우메보시 도미빵 사과 623.9 Kcal / 일본 음식	**11** 잡곡밥 돼지갈비우거짓국 매생이달걀말이 새우잣소스무침 애느타리버섯볶음 콜라비생채 레드키위 632.4 Kcal / 매생이, 클로렐라	**12** 팥밥 황태연포탕 돼지갈비구이 월과채 무사과단감냉채 배추김치 유기농 요구르트 631.2 Kcal / 연포탕
15 차수수밥 고추장찌개 양미리강정 두부영양부추조림 시래기된장무침 오이깍두기 배 635.3 Kcal / 양미리	**16** 강황찰보리밥 코다리찌개 순대볶음 양송이튀김 게살콩나물냉채 배추김치 딸기 633.7 Kcal / 명태	**17 (향토음식의 날)** 제주고구마잡곡밥 갈치호박국 제주돼지불고기 전복조림 고사리전 유채김치 오메기떡 귤 685.4 Kcal / 제주도 음식	**18** 귀리밥 달래된장찌개 꼴뚜기땅콩볶음 토란대볶음 갈비김치찜 그린참깨소스샐러드 단감 621.9 Kcal / 구제역, AI	**19 (채식 식단)** 흑미밥 순두부청국장찌개 채식동그랑땡조림 파프리카미역줄기볶음 단호박오븐구이 총각김치 청포도 629.3 Kcal / 마크로비오틱
22 (절기음식) 혼합곡밥 팥죽 설하멱 무말랭이진미채김무침 봄동발사믹샐러드 동치미 배즙주스 641.2 Kcal / 동지 팥죽	**23** 기장밥 콩비지찌개 과메기조림 감자베이컨볶음 달래부추무침 미역/오이/당근 양념초고추장 620.6 Kcal / 과메기	**24** 해물볶음밥 달걀국 닭다리바베큐 브로콜리튀김 양배추데리야키샐러드 배추김치 딸기 671.3 Kcal / 딸기	12월 25일 ~ 1월 25일 겨울방학	

DECEMBER

추운 날씨에 점점 더 몸이 움츠러드는 달.
영양 듬뿍 담긴 식재료로
추위를 물리쳐줄 든든한 학교급식 완성!

12

12 01 Mon

오늘의 식단

쌀밥

홍합미역국

돼지불고기구이

유부잡채

멸치야채전

배추김치

골드키위

생일 케이크

691.5 Kcal

Today's Recipe

재료
유부 3g, 당면 10g, 부추 3g, 당근 5g, 양파 5g, 식용유 1g, 소금 0.02g, 참기름 1g, 참깨 0.3g
맛간장 : 간장 2g, 물엿 0.5g, 마늘 0.5g, 매실청 0.3g, 청주 0.5g, 물 1g

만드는 법
1 간장, 물엿, 마늘, 매실청, 청주, 물을 넣고 끓여서 맛간장을 만든다.
2 당면은 미리 20분 정도 물에 불렸다 삶은 다음 맛간장의 2/3를 넣어 기름에 볶는다.
3 유부는 끓는 물에 데쳐낸 후 물기를 꼭 짜고 채썰어 볶는다.
4 부추, 당근, 양파는 채 썰고 소금을 넣어 볶는다.
5 준비한 2, 3, 4의 재료를 모두 섞은 후 나머지 맛간장을 넣어 버무리고, 참기름과 참깨를 넣어 마무리한다.

유부잡채
보들보들 유부로 만든 잡채의 변신!

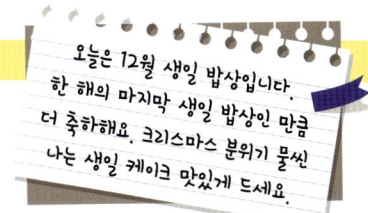

오늘은 12월 생일 밥상입니다. 한 해의 마지막 생일 밥상인 만큼 더 축하해요. 크리스마스 분위기 물씬 나는 생일 케이크 맛있게 드세요.

12월의 축제, 크리스마스

크리스마스는 예수가 태어난 날이라고 알고 있지만 이는 사실과 다르다. 실제로 예수가 언제 태어났는지에 대한 기록이 전무하기 때문에 12월 25일이라고 확정할만한 근거 또한 없다. 초기 기독교인들은 1월 1일, 1월 6일, 3월 27일에 그리스도의 탄생을 축하했는데, 지금과 같이 교회 차원에서 성대하게 성탄절을 축하하지는 않았다. 성탄절이 12월 25일로 고정된 것은 교황 율리우스 1세(재위 337-352) 때이다. 그리고 초기 기독교에서는 하루를 전날의 일몰부터 다음날의 일몰까지로 쳤기 때문에, 크리스마스 당일보다 크리스마스 전날인 이브를 더 중요시했다고 전해진다. 크리스마스가 지금처럼 대중화된 것은 19세기로, 세계 곳곳에서는 12월 25일이 가까워지면 크리스마스 캐롤을 부르고, 카드와 선물을 주고 받으며 맛있는 음식을 만들어 나누어 먹는 등 크리스마스를 축제로 즐기기 시작했다.

이처럼 전 세계인이 즐기는 크리스마스에 빠지지 않는 음식이 있는데, 바로 크리스마스 케이크다. 예수의 탄생을 축하하는 날인만큼 케이크가 필수인데 그 모양과 이름이 다양하다. 슈톨렌은 독일 전통 케이크로 크리스마스 한 달 전에 만들어 크리스마스까지 조금씩 잘라 먹는다. 이때 슈톨렌의 모양이 아기 예수가 강보에 쌓인 모습을 연상시킨다고 해서 크리스티 슈톨렌이라고도 한다. 영국에서는 크리스마스이브에 선물을 들고 방문할 산타클로스를 위해 민스파이를 만들어 침대 옆에 놓아둔다. 이 외에도 이탈리아는 둥근 지붕 모양의 파네토네, 프랑스에서는 '크리스마스의 장작'이라는 뜻의 롤 케이크 '뷔슈 드 노엘'을 후식으로 즐겨 먹는다.

12 02 Tue

Today's Recipe

조기구이

임금님의 잃었던 **입맛도 돌아오게 한 맛!**

재 료
조기 60g, 청주 0.3g, 소금 0.3g, 전분 0.5g, 식용유 1.5g

만 드 는 법
1 조기는 비늘과 지느러미를 제거하고 깨끗이 씻어 물기를 뺀다.
2 조기에 청주를 살짝 뿌리고, 소금에 절인다.
3 절인 조기에 전분을 얇게 묻힌다.
4 팬에 식용유를 두르고 조기를 노릇노릇하게 구워낸다.

632.3 Kcal

오늘의 식단

차조밥

감자만둣국

조기구이

도라지누르미

무조림

봄동된장무침

포도

오늘의 급식 이야기
이자겸과 굴비

굴비란 조기를 소금절이 하여 그냥 바람에 말린 것으로 건석어(乾石魚)라고도 한다. 하지만 '굴비'라는 이름이 붙은 진짜 연유는 그 모양과 관련 있다. 굴비를 만들기 위해 조기를 말리는 과정에서 조기를 짚으로 엮어 매달면 조기의 등이 구부러지게 되는데 이 모양새를 따서 '구비(仇非)조기'라는 명칭이 붙었는데 이 이름이 변형돼 굴비가 된 것이다.

굴비 중에서도 가장 유명한 곳이 영광 법성포 굴비인데 여기에는 재미있는 역사적 이야기가 전해진다.

이자겸은 고려시대 중기의 문신으로 권신(權臣)이자 척신(戚臣)이다. 또 예종과 인종의 장인인 동시에 인종의 외조부이기도 했다. 이자겸은 둘째 딸을 예종의 비로 보내 인종을 낳았으며 예종이 죽자 외손자인 인종을 추대하였다. 그리고 인종이 즉위하자 이모가 되는 자신의 셋째 딸과 넷째 딸을 인종의 비로 들여보내 세력을 키우고 막강한 권력을 누렸다.

이자겸의 권세는 하늘을 나는 새도 떨어뜨렸다. 심지어 인종마저 외할아버지며 장인인 그를 무서워하지 않으면 안 되었다.

이즈음의 이자겸은 사돈 척준경을 불러 들여 무력을 내세우며 왕위를 노렸다. 왕씨가 망하고 십팔자 성(이씨를 의미)을 가진 사람이 새 임금이 되고 한양으로 도읍을 옮기면 나라가 크게 부강한다는 예언 '도참설(圖讖說)'이 백성들 사이에서 퍼져 나갔다. 이에 이자겸과 척준경은 '이자겸의 난(1126년)'을 일으켜 왕위 찬탈을 꿈꿨으나 인종은 은밀히 척준경을 회유하여 이자겸을 제거토록 하였고, 척준경은 이자겸을 잡아 인종에게 인계함으로써 반란은 진압되었다.

인종은 이자겸을 전라도 영광 법성포로 귀양 보냈다. 영광으로 유배된 이자겸은 영광 법성포의 특산물인 건조한 참조기 맛에 반해 이를 인종에게 진상했는데 이때 굴비(掘非)라는 글귀를 적어 비록 귀양살이를 하고 있지만 절대로 굴복하거나 비굴하게 꺾이지는 않겠다는 뜻을 담았다고 한다. 이후 이자겸이 귀양살이를 한 영광과 법성포의 이름을 붙여 '영광굴비', '법성포굴비'로 널리 알려지게 됐다.

영광 지역에서는 굴비를 통보리 속에 묻어 두고 먹었다. 해풍에 건조시킨 굴비를 항아리에 넣고 그 사이사이에 통보리를 묻어 보관하면 보리가 굴비에 들어 있는 기름기가 밖으로 빠져 나가는 것을 막고, 보리향이 나며, 짜지 않고 담백한 맛을 자랑한다. 또 이렇게 오랜 시간 숙성한 굴비는 뼈까지 씹어 먹을 수 있을 정도로 부드러워지고 고소하며 알과 내장의 맛도 일품이다.

녹차물에 밥을 말아 꾸덕꾸덕 말린 보리굴비 한 점을 얹어 먹으면 "이 맛이야!" 하는 탄성이 절로 나와 남도 식탁의 묘미를 제대로 느낄 수 있다.

12 03 Wed

681.2 Kcal

오늘의 식단

- 기장밥
- 브로콜리스프
- 김치함박스테이크
- 파프리카김무침
- 파르팔레샐러드
- 깍두기
- 귤

오늘의 급식 이야기

잎, 열매, 오일까지 만능 올리브

올리브는 양배추, 요구르트와 함께 서양의 3대 장수 식품으로 손꼽히며 특히 지중해 지역에서는 식사에 절대 빠지지 않는 음식이기도 하다.

예로부터 사람들은 올리브 나무를 신성한 존재로 여기며 올리브 잎 달인 물을 왕족의 미라를 만들 때 방부제로 사용하거나, 나뭇가지를 파라오의 무덤을 장식하는 데 썼다. 또 사람이 죽으면 신을 만날 수 있도록 올리브 오일을 몸에 발라주었다.

지중해 부근에서는 어릴 때부터 올리브 오일을 먹는 것으로 유명하다. 세계적인 성악가 루치아노 파바로티는 생 올리브 오일을 매일 한 컵 가득 마심으로써 목 상태가 회복됐다고 한다. 히포크라테스가 '자연 항생제'라고 칭했던 올리브 잎에는 항균, 항바이러스 효과가 있어 면역력을 높여주기 때문이다.

한편 올리브는 음식으로 섭취하는 것 외에 화장품에도 요긴하게 활용되고 있다. 예전에 이탈리아의 유명 여배우인 소피아 로렌이 70세가 넘은 나이에도 탄력 있는 피부와 탄탄한 몸매를 선보이며 주목을 받았는데, 그 비결로 올리브 오일 화장품을 꼽아 올리브 오일에 대한 관심도 급격히 높아졌다. 단, 올리브 오일을 피부에 사용할 때는 엑스트라 버진 등급을 사용해야 한다. 정제 오일이 섞인 퓨어 올리브 오일은 오히려 피부에 트러블을 일으키기 때문에 꼼꼼하게 살펴보고 사용해야 한다.

식용부터 화장품까지 다양한 용도로 사용되는 올리브 오일의 종류는 엑스트라 버진, 파인 버진, 버진, 퓨어, 리파인 올리브 오일로 나누어진다.

엑스트라 버진 : 최상품의 올리브에서 씨를 뺀 후 압착해 얻은 첫 번째 오일로 올리브유 중 최상위 등급이며 생산량의 10% 정도만 이 등급을 받는다.

파인 버진 : 엑스트라 버진 올리브 오일과 제조 방법은 같으나 산도가 1.5% 미만으로 엑스트라 버진 올리브 오일보다 맛과 향이 한 등급 낮다.

버진 : 산도가 2.0% 정도로 엑스트라 버진이나 파인 버진에 비해 품질이 떨어지는 올리브로 압착했다.

퓨어 : 정제한 올리브 오일과 압착한 버진 올리브 오일을 8:2의 비율로 혼합한 것으로 맛과 향이 없어 주로 튀김 요리에 사용한다.

리파인 : 버진 올리브 오일 중 자연 산도가 3.3%를 초과한 것을 정제 처리하여 생산한 것으로 고온, 화학 처리되어 맛과 향과 색깔이 거의 없으며 공업용으로 사용된다.

Today's Recipe

파르팔레샐러드
나비 모양 파스타에 눈과 입이 즐겁다!

재료
파르팔레 5g, 통조림 옥수수 8g, 사과 20g, 오이 8g, 올리브유 0.5g
드레싱 소스 : 마요네즈 6g, 플레인 요구르트 4g, 꿀 1g, 레몬즙 1g

만드는 법
1 파르팔레는 소금을 넣은 끓는 물에 10~12분 정도 삶은 후 건져 올리브유에 버무린다.
2 통조림 옥수수는 체에 밭쳐 물기를 뺀다.
3 사과, 오이는 소독 세척해 부채 모양으로 썬다.
4 마요네즈, 플레인 요구르트, 꿀, 레몬즙을 섞어 드레싱 소스를 만든다.
5 1, 2, 3에 드레싱 소스를 넣어 살살 버무린다.

12 04 Thu

620.5 Kcal

오늘의 식단

보리밥

냉이된장국

닭갈비

건도토리묵어묵조림

숙주무침

총각김치

단감

오늘의 급식 이야기

녹두에서 숙주나물로의 변신

녹두는 녹색의 작은 콩으로 연약해 보이지만 실제로는 굉장히 단단하다. 동학 농민운동을 이끈 전봉준을 녹두장군이라 칭했던 이유 역시 녹두의 이런 성질 때문일 터.

녹두의 원산지는 인도로 알려져 있고, 우리나라에서는 삼국시대 이전부터 재배되었을 것이라고 추측하고 있다.

녹두는 6~7월에 파종하면 9~10월에 수확을 하는데, 완전히 익은 녹두를 그대로 두면 꼬투리가 터져 콩알이 여기저기 흩어지므로 때를 잘 맞춰 수확을 해야 한다. 녹두가 익는 상태는 3~5차례의 순차가 있어 녹두 수확 역시 3~4번에 걸쳐 이루어지기 때문에 손이 많이 가는 농작물로 여겨진다. 따라서 최근에는 녹두 생산 농가가 줄어 국산 녹두가 귀해지고 있는 상황이다.

녹두는 생활 속에서 다양한 음식으로 접할 수 있는데 대표적인 것이 빈대떡, 청포묵 그리고 숙주나물이다. 숙주나물은 원래 녹두나물이었던 이름이 바뀐 것으로 여기에는 역사적인 이야기가 숨어 있다.

신숙주는 세종으로부터 어린 세손(단종)을 잘 보필해달라는 부탁을 받은 고명대신이었으나, 세조의 설득을 뿌리치지 못하여 세종의 부탁을 저버리고 변절해 수양대군의 왕위 찬탈에 동참하였다. 이후 세조를 보좌해 승승장구 영의정까지 올랐으나 신숙주에겐 변절자라는 불명예가 씌워졌다. 이러한 신숙주의 절개가 나물 중 가장 빨리 변질되는 녹두나물과 같다고 하여 신숙주의 이름을 빗대 '숙주나물'이라 부르기 시작한 것. 또한 녹두나물로 만두소를 만들 때 잘게 다지는 것처럼 신숙주를 응징하고 싶은 백성들의 마음이 담겨 있었다고 한다.

숙주나물은 비록 신숙주의 변절에 대한 풍자로 붙여진 이름이지만 그 효능만큼은 매우 뛰어나다. 중국 청나라 때 서적 〈본초비요〉에는 숙주나물에 대해 '열을 없애고 독을 풀어준다'라고 기술되어 있다. 또 녹두가 숙주나물이 되는 과정에서 비타민 A, 비타민 B, 비타민 C 등이 많게는 30~40배 이상 늘어나고, 단백질이 분해되면서 아르기닌, 아스파라긴산과 같은 성분이 만들어져 해독작용을 돕는다. 따라서 조선시대에 임금의 주치의관이 술을 빚을 때 누룩을 만들면서 해독 작용이 뛰어난 숙주를 함께 넣어 만들었는데 이를 향온주라고 한다. 술을 마셨을 때 뒤끝이 깨끗하고 해독 기능을 하기 때문에 법주를 마시면 설사하는 일이 잦았던 중국 사신을 접대할 때 향온주를 사용했다고 전해진다.

숙주무침
아삭한 숙주의 *식감이 일품!*

재료
숙주 20g, 참깨 0.2g
양념장 : 실파 0.3g, 마늘 0.2g, 간장 0.3g, 참기름 0.3g

만드는 법
1 숙주는 소금물에 살짝 데친 후 채반에 밭쳐 물기를 뺀다.
2 실파, 마늘은 다진다.
3 실파, 마늘, 참기름, 간장을 섞어 양념장을 만든다.
4 숙주에 3의 양념장을 끼얹어 간이 고르게 배도록 무친 후 참깨를 뿌린다.

12 05 Fri

오늘의 식단

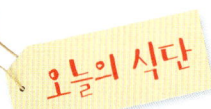
렌틸콩밥

얼큰쇠고기두붓국

부추청국장전

연어참깨튀김

블랙올리브샐러드

배추김치

그릭요거트

641.1 Kcal

Today's Recipe

연어참깨튀김
연어와 참깨의 만남으로 **고소함 2배!**

재 료
연어살 50g, 튀김가루 5g, 허브소금 0.2g, 후춧가루 0.02g, 마늘 1g, 청주 1g, 깨소금 0.5g, 식용유 1.5g, 파슬리 가루 0.1g

만 드 는 법
1. 연어에 마늘, 후춧가루, 청주, 허브소금으로 밑간한다.
2. 1의 연어에 마른 튀김가루를 살살 묻힌다.
3. 180℃의 식용유에 연어를 넣고 바삭하게 튀긴 후 기름기를 뺀다.
4. 3의 연어에 파슬리가루, 깨소금을 뿌린다.

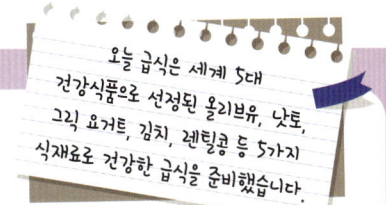

세계 5대 건강식품

1. 올리브유 : 단일 불포화지방산인 올레인산이 풍부해 콜레스테롤을 낮춰 혈관 건강에 도움을 준다. 올리브는 지중해 지역에서 많이 재배하는데, 특히 스페인에서는 전 세계 생산량의 80%를 차지할 정도로 많은 양의 올리브를 생산하고 있다.

2. 그릭 요거트 : 양과 염소의 젖을 섞어 발효시켜 뻑뻑하고 크림이 풍부한 것이 특징인 그리스 요구르트로 살균 공정을 거친 우유에 세균을 배양해 자연스럽게 박테리아를 죽임으로써 별다른 첨가물을 넣지 않은 식품이다. 그릭 요거트는 고단백, 고칼슘, 저지방 식품일 뿐만 아니라 제품 당 약 500억 마리 이상의 유산균을 포함하고 있어 변비 해소에 도움을 주고, 각종 질병 예방과 면역력 향상에도 효과가 있다.

3. 낫토 : 우리나라 청국장과 형태가 비슷한 일본의 낫토도 세계 5대 건강 음식 중 하나다. 콩에 낫토균을 주입해 만든 낫토는 장 속 이로운 유산균 활동을 도와 변비를 완화하고, 다이어트에도 효과적이다. 또 스트레스 해소 및 각종 성인병을 예방하는 데 도움을 준다.

4. 김치 : 절인 배추에 고춧가루, 마늘, 생강 등을 넣어 버무린 후 저온에서 발효시켜 먹는 우리나라 김치에는 유산균, 칼슘, 무기질, 비타민, 아미노산 등이 풍부하게 함유되어 있어 각종 성인병 예방은 물론이고 암세포 증식을 막아준다.

5. 렌틸콩 : 인도에서 '달'이라고 부르는 작은 콩으로 모양이 볼록렌즈와 비슷해 렌즈콩이라고 부르기도 한다. 렌틸콩은 고단백은 물론 비타민 B_1, B_2, B_6, 비타민 C, 비타민 E, 엽산, 칼륨, 칼슘, 철분 등 5대 영양소를 골고루 함유하고 있는 완전식품이다.

609.2 Kcal

오늘의 식단

발아현미밥

유채된장국

달걀장조림

오징어볶음

콩나물오이무침

배추김치

방울토마토

달걀에 대한 오해와 진실

달걀은 예로부터 상서로운 존재로 생각했다. 신화 속 영웅이 알에서 태어나는 경우가 많은 것도 이런 이유다. 닭 역시 인간 세상과 하늘을 연결하는 영적인 존재로 여겼다.

달걀은 영양소를 풍부하게 함유하고 있어 완전식품으로 손꼽힌다. 보통 달걀 2개에는 단백질이 12g 정도 들어 있는데, 이는 하루에 필요한 단백질 섭취량의 약 30% 정도에 해당하는 수치다. 칼슘도 우유보다 많이 함유하고 있을 뿐만 아니라 철분은 시금치의 2배나 된다. 게다가 최근에는 브레인 푸드로도 주목받고 있다. 달걀노른자에 함유된 레시틴은 두뇌 세포를 구성하는 필수영양소로, 기억력을 높이고 치매를 예방하며 뇌기능 향상을 돕는다. 세계에서 인구 1명 당 달걀 소비량이 가장 많은 이스라엘에서 노벨상 수상자를 가장 많이 배출한 것도 이를 뒷받침한다.

이처럼 건강에 좋은 영양소를 듬뿍 포함하고 있는 달걀이지만, 달걀에 대한 오해도 적지 않다. 첫 번째 오해는 달걀이 콜레스테롤 수치를 높여 각종 질병 발생에 영향을 끼친다는 것. 달걀에는 콜레스테롤이 약 210mg 들어 있는데, 이는 식품의약품안전처의 콜레스테롤 하루 섭취 권장량인 300mg에 가까운 수치다. 따라서 많은 사람들이 달걀을 먹으면 콜레스테롤 수치가 높아져 각종 심혈관 질환을 발생시킨다고 오해해왔다. 그러나 많은 연구결과에 따르면 달걀 등 음식을 통해 섭취하는 콜레스테롤은 더 이상 건강에 심각한 우려 요인이 되지 않는 것으로 밝혀졌다.

달걀에 대한 두 번째 오해는 흰색 달걀은 영양이 부족하다는 것이다. 하지만 달걀 껍데기의 색은 어미 닭의 깃털 색에 의해 결정되기 때문에 이는 영양과는 전혀 상관이 없다.

세 번째 오해는 암수의 자연스러운 교배를 통해 낳은 유정란이 무정란보다 영양이 우수하다는 것이다. 이 역시 생산하는 방식에 따른 차이일 뿐 영양가 측면에서는 차이가 없다.

한편 최근에는 오메가란, 칼슘란, 녹초란 등 다양한 특수 영양란이 등장해 눈길을 끈다. 이러한 달걀은 특정 영양 성분을 첨가한 사료를 암탉에게 먹여 그 성분이 달걀에 포함되도록 한 것인데, 실질적으로 사료에 첨가하는 요오드, 인삼, 녹차 등의 성분이 워낙 소량인데다 사료 성분이 달걀로 전해지기가 쉽지 않다는 것이 전문가들의 의견이다. 따라서 이러한 마케팅에 좌우되기 보다는 위생적으로 잘 관리하며 생산한 달걀을 선택하는 것이 중요하다.

달걀장조림
짭조름한 달걀은 아이들 밥도둑!

재료
삶은 깐 달걀 40g, 꽈리고추 1g,
조림장 : 진간장 3g, 마늘 0.8g, 생강 0.3g, 물엿 2g, 흑설탕 2g, 매실청 1g, 청주 1g, 물 8g

만드는 법
1 삶은 깐 달걀을 씻는다.
2 꽈리고추를 씻은 후 긴 것은 반으로 어슷 썬다.
3 생강, 마늘, 청주, 간장, 물엿, 흑설탕, 매실청, 청주, 물을 넣고 끓이다가 생강, 마늘을 건져내고 조림장을 만든다.
4 3에 달걀을 넣고 조림장을 끼얹으며 조린다.
5 4의 달걀이 연한 갈색이 되면 꽈리고추를 넣고 중불에서 국물을 끼얹으며 윤기 나게 조린다.

12 09 Tue

623.9 Kcal

오늘의 식단

- 율무밥
- 부추완자탕
- 가자미탕수
- 스팸간장조림
- 연근무침
- 갓김치
- 배

톡 쏘는 맛!
겨자와 갓

겨자와 갓은 특유의 향기와 톡 쏘는 맛이 닮았는데, 이는 갓과 겨자가 같은 겨자과의 식물이기 때문이다. 또 겨자와 갓의 종자를 둘 다 겨자라고 부르기는 하지만, 갓의 씨앗이 우리가 먹는 겨자는 아니다.

'울며 겨자 먹기'라는 말이 있을 정도로 겨자의 맛은 맵다. 하지만 겨자는 냉면이나 해파리냉채 등에 빠지면 안 되는 뛰어난 향신료다. 겨자(mustard)의 어원은 '포도즙(mustum)'과 '불타는 맛(arden)'이라는 단어가 합쳐진 것으로, 겨자의 톡 쏘는 맛 때문에 이러한 이름이 붙여진 것으로 추측한다. 또 고대 로마에서는 포도주와 으깬 겨자씨를 섞어 겨자를 만들어 먹었다고 알려져 있다.

겨자는 노란 꽃을 피우는 겨자의 씨앗으로 만드는데 겨자씨 자체는 매운 맛이 없지만 가루로 만들어 물을 넣고 섞으면 '미로신'이라는 효소에 의해 특유의 향과 매운 맛이 생긴다. 이 때 꿀이나 식초를 넣고 잘 섞은 후 5~10분 정도 두면 매운 맛이 더 강해진다. 겨자는 대표적인 향신료이기도 하지만 고대에는 이뇨제, 관절염 및 호흡기 계통의 질병을 치료하는 약초로도 널리 쓰였다. 〈동의보감〉에서는 '겨자는 몸이 찬 것을 치료하고, 오장을 따뜻하게 한다'고 기록하고 있다.

갓의 원산지에 대해서는 여러 가지 설이 있으나 아프리카 추정설이 제일 유력하며, 여기에서 서인도 제도와 인도 지방으로 전해진 것으로 알려졌다. 또 서쪽으로는 이집트를 통해 유럽으로 전파되었고, 동쪽으로는 중국을 중심으로 전해지면서 식생활에서 중요한 비중을 차지하는 잎채소가 되었다.

갓은 푸른색의 청갓과 보라색을 띠는 홍갓이 있다. 청갓은 주로 동치미를 담글 때 사용하고, 향이 진하고 매운 맛이 강한 홍갓은 김치 소로 많이 쓴다.

갓김치의 매콤하면서 톡 쏘는 맛은 식욕을 돋우는 데 최고의 반찬이다. 〈본초강목〉에서는 "갓은 폐를 통하게 하며, 가래를 삭이고 가슴을 이롭게 하며 식욕을 돋운다"고 기록하고 있다.

갓 하면 빼놓을 수 없는 게 여수 갓김치. 이는 여수의 돌산갓이 유명하기 때문인데, 남해의 따뜻한 해양성 기후와 알칼리성 사질토에서 해풍을 맞으며 재배되어 다른 지역의 갓에 비해 식감이 아삭하고 독특한 향과 톡 쏘는 맛이 일품이다. 오래 전에 여수 돌산에서 자란 갓으로 만든 갓김치를 임금님께 진상했더니 그 맛과 향기에 감탄해 '돌산갓김치'라는 고유의 이름을 붙여주었다고. 그 이후 여수 지역의 대표적 전통 김치로 자리 잡았다.

갓김치
톡 쏘는 맛에 잃어버린 입맛도 돌아온다!

재료
갓 20g, 굵은소금 0.6g, 멸치액젓 1g, 마늘 0.8g, 생강 0.1g, 찹쌀가루 0.3g, 물 1.2g, 양파 1g, 고춧가루 1g, 홍고추 0.5g, 설탕 0.3g, 참깨 0.1g

만드는 법
1. 갓은 4~5cm 길이로 잘라 굵은소금에 30분 정도 절인 뒤 헹궈 물기를 뺀다.
2. 찹쌀가루는 찬물에 풀어 찹쌀풀을 끓인 후 식힌다.
3. 양파, 홍고추, 생강, 마늘은 곱게 간다.
4. 2의 찹쌀풀에 3과 참깨, 고춧가루, 멸치액젓, 설탕을 넣고 섞는다.
5. 갓에 4의 양념을 넣고 골고루 버무린다.

12 10 Wed

오늘의 식단

쌀밥

우동

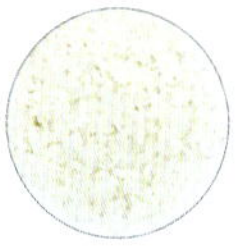

오코노미야끼(부침개)

타코노스노모노(문어미역초회)

(죽순, 곤약)니모노(조림)

치자단무지/우메보시

도미빵

사과

623.9 Kcal

오코노미야끼
좋아하는 재료를 듬~뿍 담은 일본식 부침개

재료
오징어 20g, 베이컨 8g, 달걀 6g, 양배추 10g, 감자 10g, 부침가루 6g, 튀김가루 6g, 돈가스 소스 2g, 마요네즈 2g, 가쓰오부시 2g, 식용유 0.5g

만드는 법
1. 오징어는 소금물에 깨끗이 씻어 1.5×1.5cm 크기로 썬다.
2. 양배추, 감자, 베이컨은 채 썬다.
3. 1, 2에 튀김가루, 부침가루, 달걀을 넣어 반죽한다.
4. 팬에 식용유를 두르고 3의 반죽을 담아 예열(250℃ 15분)한 오븐에 넣고 조리(콤비 195℃ 12분)한다.
5. 4가 완성되면 위에 가쓰오부시를 얹고 돈가스 소스, 마요네즈를 뿌린다.

눈이 즐거운 일본 음식

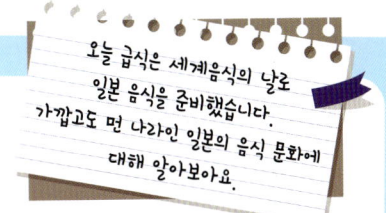

오늘 급식은 세계음식의 날로 일본 음식을 준비했습니다. 가깝고도 먼 나라인 일본의 음식 문화에 대해 알아보아요.

일본 음식은 예로부터 '눈으로 먹는 요리'라고 했는데 이는 일본 음식이 대체로 자연으로부터 얻은 식품 고유의 맛과 형태를 최대한 활용하는 요리를 하기 때문이다.

또 한 가지, 일본 음식의 특별한 점은 육식보다는 생선 요리가 발달했다는 점이다. 이는 일본에서 육식 금지령이 행해지면서 메이지 시대 이전, 즉 19세기까지는 닭, 소 등 주요 동물의 육식이 금지되었기 때문에 상대적으로 생선 요리가 발달할 수밖에 없었다. 특히 생선 요리 중에서도 우리에게 친숙한 스시(초밥)는 원래 젓갈처럼 절인 생선을 사용했으나 18세기 식초 양조법이 발달함에 따라 발효에서 얻었던 신맛을 식초가 대신하면서 지금의 스시 형태를 갖추게 되었다.

한편 우리에게 가장 익숙한 일본 음식인 우동은 사실 중국에서부터 전해져 온 것으로 손으로 비벼 만든 굵직한 중국식 국수를 일본인의 입맛에 맞게 변형한 것이다. 우동은 일본에서도 특히 관서 지역의 대표 음식인데 그중에서도 가가와(香川)현의 옛 이름인 '사누키(讚岐)'에서 유래된 부드럽고도 쫄깃한 면발의 '사누키 우동'이 유명하다.

또 '철판에 좋아하는 것을 구워 먹는다'는 의미를 가진 오코노미야끼는 일본 에도 시대부터 서민들이 즐겨 먹었던 음식으로 밀가루, 전분, 계란 등으로 반죽을 만들어 양배추, 숙주나물, 돼지고기, 파 등의 재료를 넣고 철판에 구워 소스를 발라 먹는 음식이다.

우리나라에 붕어빵이 있다면 일본에는 '타이야끼'라는 도미빵이 있다. 많은 물고기 중에서도 빵 이름에 도미가 붙은 이유는 도미가 일본에서 가장 흔한 물고기이자 친숙한 물고기이기 때문. 그리고 이 도미빵이 우리나라에 들어와 우리나라 사람에게 친숙한 붕어의 이름을 따 붕어빵이 되었다.

12 11 Thu

Today's Recipe

매생이달걀말이
맛있는 달걀말이에 건강한 매생이가 쏘옥!

재 료
달걀 42g, 매생이 5g, 청주 1g, 소금 0.15g, 식용유 적당량

만드는 법
1 매생이는 잘 씻은 후 물기를 제거하고 먹기 좋게 몇 번 자른다.
2 달걀을 푼 후 청주, 소금을 넣고 체에 거른다.
3 2에 1을 넣고 잘 섞는다.
4 달군 팬에 식용유를 두르고 3을 부어 반 정도 익으면 말아준다.

오늘의 식단

632.4 Kcal

잡곡밥

돼지갈비우거짓국

매생이달걀말이

새우잣소스무침

애느타리버섯볶음

콜라비생채

레드키위

오늘의 급식 이야기

건강한 Green!
매생이와 클로렐라

매생이는 '생생한 이끼는 바로 뜯는다'는 의미의 순수 우리말로 매년 12월에서 이듬해 3월까지만 맛볼 수 있는 겨울 대표 식품이다. 해조류 중에서도 가장 까다로운 매생이는 청정해역에 서식하는데, 주위 환경에 예민하기 때문에 오염 물질이 유입되면 살아남지 못하고 바로 녹아내린다. 이렇게 예민한 성격 때문에 우리나라에서도 아주 일부 지역의 청정한 바다에서만 생산이 가능하며, 대표적인 곳이 전라남도 강진과 완도 등이다.

바다의 향을 그대로 느낄 수 있는 부드러운 식감의 매생이는 소화가 잘 되고, 숙취 해소에 좋은 아스파라긴산이 콩나물보다 3배 이상 많이 들어 있으며, 어린이 성장 발육 촉진과 골다공증 예방에 도움이 된다. 매생이를 요리에 사용할 때는 세심한 주의가 필요하다. 매생이는 여러 번 씻으면 특유의 향이 사라지기 때문에 고운 체에 받쳐 한 번만 씻어서 사용하고, 국을 끓일 때는 오래 끓이면 물에 녹아 죽처럼 되기 때문에 먼저 국물에 간을 해서 끓이다 마지막에 매생이를 넣고 끓으면 바로 불을 꺼야 한다.

한편 우주 식량으로 유명해진 클로렐라도 건강에 좋은 대표적 녹색 식품이다. 클로렐라는 민물에서 자라는 녹조류에 속하는 단세포 생물로 플랑크톤의 일종이다. 단백질, 엽록소, 비타민, 무기질 등 각종 영양소가 풍부한 클로렐라는 열대 지역뿐만 아니라 한대 지역까지 지구상에 넓게 분포되어 있으며 호수, 연못, 웅덩이 등에서 채취가 가능하다. 클로렐라의 크기는 0.002mm~0.01mm 정도로 작아서 현미경으로만 관찰이 가능하며, 자체 세포핵분열을 통해 20시간마다 4~8배로 매우 빠르게 증식하는 특징을 가지고 있다.

클로렐라의 기원은 약 30억 년 전으로 추정되지만, 클로렐라를 발견한 것은 1980년 네덜란드 바이에르 링크 박사다. 그는 이 작은 클로렐라를 발견하고 그리스어로 녹색을 의미하는 '클로로스(chloros)'와 라틴어로 작은 것을 뜻하는 '에라(ella)'를 붙여 '클로렐라'라고 이름 지었다. 이후 제1차 세계대전 중에 클로렐라를 새로운 식량원으로 사용하고자 하는 시도가 있었고, 현재는 건강기능식품으로 인기를 얻고 있다. 이뿐만 아니라 우유, 음료수, 라면, 피자 등에 일반 식품첨가물로 수요가 증가하고 있는 추세다.

클로렐라는 일반 채소류보다 엽록소가 10배나 많은 알칼리성 식품으로 산성인 육류나 곡류 등과 함께 이온 밸런스를 맞춰준다. 또 유산균 생장을 촉진하는 CGF가 들어 있어 어린이 성장 발육에 도움을 준다. 이 외에도 세균이나 바이러스에 대한 저항력을 높여주고 빈혈 예방, 중금속 배출 등의 효능이 있다.

12 12 Fri

631.2 Kcal

오늘의 식단

팥밥

황태연포탕

돼지갈비구이

월과채

무사과단감냉채

배추김치

유기농 요구르트

오늘의 급식 이야기

부드럽고 감칠맛나는 연포탕의 속사정

Today's Recipe

황태연포탕
황태와 낙지의 기운을 담은 **뜨끈한 국물**

재료
황태채 2g, 낙지 20g, 두부 20g, 미나리 2g, 대파 1g, 홍고추 1g, 청주 1g, 국간장 1g, 소금 0.2g, 다시마 1g, 무 10g

만드는 법
1 물에 다시마와 무를 넣고 끓여 육수를 내고 건더기는 건진다.
2 낙지는 소금으로 문질러 깨끗이 씻은 후 3~4cm 길이로 썬다.
3 황태채는 물에 씻어 물기를 제거하고 2.5cm 길이로 썬다.
4 미나리는 3cm 길이로 썰고, 두부는 1.5×1.5cm 크기로 깍둑 썬다.
5 홍고추와 대파는 2mm 두께로 둥글게 썬다.
6 1의 육수가 끓으면 황태채를 넣고 끓이다가 낙지, 두부를 넣고 센 불에서 한소끔 끓인다.
7 6에 미나리, 대파, 홍고추, 청주, 국간장을 넣고 소금으로 간한다.

연포탕이라고 하면 요즘 사람들은 낙지가 들어간 시원한 국물을 떠올리기 십상이지만 원래 연포탕은 낙지가 아니라 두부를 넣은 요리다.

두부가 우리나라에 들어온 시기는 정확히 알 수 없으나 고려 말기 이색의 〈목은집〉에 "나이든 사람이 먹기 좋고 나물죽 대신 먹으면 맛있는 음식"이라는 표현이 나와 있어 고려 말기쯤으로 추측된다. 한편 추사 김정희는 '대평두부 대련'이라는 글에서 "제일 맛있는 반찬은 두부와 오이 그리고 생강나물이라"며 두부를 설명했고, 조선왕조실록에는 "(민가의 이야기 중)하늘에서 괴물이 내려와서 한꺼번에 두부국을 한 동이씩 먹었다"는 이야기가 기록되어 있다.

또 원래 두부의 이름은 '백아순(白雅馴)'이지만 이를 방언으로 여겨 문헌에는 두부를 따로 '포(泡)'라고 명기하고 있다. 따라서 연포탕의 '연(軟)'은 연할 연이고, '포(泡)'는 '두부'를 뜻하는 말로 두부를 넣어 맑게 끓인 국을 나타낸다. 옛 문헌에서도 두부가 들어간 본래의 연포탕에 대한 언급을 찾아볼 수 있는데, 유중림의 〈증보산림경제〉에서는 연포국 만드는 법에 대해 "기름에 지진 두부를 쇠고기 국물에 넣고 밀가루와 달걀을 풀어 끓여서 사발에 담은 후 삶은 닭고기를 가늘게 찢어 넣고 천초와 후춧가루를 뿌려낸다"고 기록되어 있다. 이런 연포탕은 날씨가 쌀쌀해지는 계절의 별미로 손꼽혔는데 우리나라 풍속을 기록한 〈동국세시기〉에는 "두부를 가늘게 썰고 꼬챙이에 꿰어 기름에 지지다가 닭고기를 섞어 국을 끓인 것을 연포탕이라고 한다"라며 음력 10월 음식으로 소개했다.

그렇다면 낙지를 넣은 연포탕은 어떻게 만들어진 것일까? 목포 등 해안지방에서 낙지로 국물을 내는 낙지연포탕을 즐겨 먹던 것이 널리 알려지면서 연포탕 하면 낙지를 떠올리게 된 것이다. 특히 전라남도 영암은 세발낙지가 매우 유명한 지역으로 영암군 갯벌에서 자란 낙지는 부드럽고 담백한 맛이 특징이다. 이때 연포는 낙지를 끓일 때 낙지 다리가 마치 연꽃처럼 펼쳐진다는 의미를 갖는다. 또 전라도식 낙지 연포탕은 양념을 거의 쓰지 않고 재료가 가진 신선한 맛을 최대한 살려 조리하기 때문에 낙지 고유의 개운한 맛을 음미할 수 있다. 한편 포항에서는 낙지 대신 문어를 넣은 문어 연포탕을 즐겨 먹는다.

12 15 Mon

오늘의 식단

635.3 Kcal

차수수밥

고추장찌개

양미리강정

두부영양부추조림

시래기된장무침

오이깍두기

배

오늘의 급식 이야기

쫀득한 겨울철 별미 양미리

양미리강정
제철 양미리로 겨울 느낌 물씬~

재료
양미리 30g, 치킨 파우더 5g, 식용유 3g, 다진 마늘 1g, 생강즙 0.5g, 후춧가루 0.01g
강정 소스 : 물 4g, 고추장 3g, 토마토케첩 8g, 간장 0.5g, 청주 0.5g, 매실청 0.5g, 물엿 1g, 참기름 1g, 통깨 0.2g

만드는 법
1 양미리는 깨끗이 씻은 다음 3~4cm 길이로 썰어 다진 마늘, 생강즙, 후춧가루를 섞은 양념으로 밑간한다.
2 1에 치킨 파우더를 묻힌 후 여분의 가루를 털어내고 175℃~180℃ 기름에서 바삭하게 튀겨낸다.
3 분량의 물에 고추장, 케첩, 간장, 청주, 물엿, 매실청, 참기름을 넣고 중불에서 끓여 강정 소스를 만든다.
4 튀긴 양미리에 3의 강정 소스를 넣고 살살 버무린 후 통깨를 뿌린다.

양미리는 찬바람이 불기 시작하면 아버지들이 어김없이 찾는 맛이다. 이는 11~12월이 제철인 양미리를 스무 마리 한 두름씩 엮어서 꾸덕꾸덕하게 말렸다가 조림이나 구이로 해 먹으면 짭조름하고 쫀득한 살에 통통하게 차오른 고소한 알 맛까지 즐길 수 있어 밥반찬이나 술안주로 그만이었던 추억이 되살아나기 때문일 것이다.

양미리는 바다를 의미하는 '양(洋)'과 용처럼 생긴 미꾸라지를 일컫는 말인 '미리'가 합쳐진 말이니 바다 미꾸라지 정도로 생각할 수 있다. 양미리는 까나리와 비슷한 모양을 하고 있어 종종 까나리와 헷갈리곤 한다. 하지만 이 둘은 엄연히 다르다. 양미리는 큰가시고기목 양미리과에 속하고, 까나리는 농어목 까나리과에 속한다. 양미리는 연안의 약간 깊은 곳에서 무리를 지어 서식하는데 우리나라의 경우 주로 강릉부터 속초를 거쳐 고성 앞바다에 이르는 동해안에서 잡히는 반면, 까나리는 서해안에서 잡힌다.

양미리를 잡는 방법은 조금 특별하다. 양미리는 굵은 모래 바닥 속에 몸을 감추고 있다가 동트기 전 먹이를 잡기 위해 수중으로 튀어 오르는데, 이때 미리 바닥에 그물을 깔아 놓으면 양미리가 그물에 꽂힌다. 겨울철 동해안에서는 어선이 양미리 꽂힌 그물을 항구에 내려놓으면 아낙네들이 쪼그리고 앉아 양미리를 그물에서 떼어내는 진풍경을 자주 볼 수 있는데, 그 작업을 '양미리 딴다' 혹은 '양미리 베긴다'고 한다. 이때 중요한 것은 그물 사이에 촘촘하게 박힌 양미리의 몸이 상하지 않게 빼내는 것.

등푸른 생선인 양미리는 단백질과 불포화지방산인 DHA 등을 풍부하게 함유하고 있고, 뼈째 먹기 때문에 칼슘을 충분히 섭취할 수 있어 성장기 어린이와 골다공증 예방에 좋다. 또 철분도 많이 포함하고 있어 빈혈 예방에도 효과적이다.

양미리를 가장 맛있게 즐길 수 있는 방법은 소금구이. 갓 잡은 양미리에 굵은 소금을 뿌려 구워 먹으면 별다른 양념 없이도 담백하고 고소한 맛이 일품이다. 또 바다 미꾸라지라는 별칭답게 양미리를 갈아서 추어탕처럼 끓여 먹기도 한다. 꾸덕꾸덕하게 말려서 찌개에 넣거나 양념에 조려 먹어도 좋고, 아이들이 먹기 좋게 강정이나 튀김으로 만들어도 훌륭한 밥반찬이 된다.

12 16 Tue

Today's Recipe

코다리찌개
추운 겨울, 속을 따뜻하게 풀어주는 메뉴!

재 료
코다리 40g, 미더덕 10g, 다시마 2g, 무 10g, 미나리 2g, 대파 2g, 마늘 1g,
생강 0.3g, 청양고추 0.3g, 청주 1g, 국간장 1g, 소금 0.1g

만드는 법
1 다시마를 넣고 끓여 육수를 내고 건더기는 건져낸다.
2 코다리는 깨끗이 씻어 마지막에 식초, 소금물에 헹군다.
3 미더덕은 끝부분을 꼬치로 찔러 물을 빼고, 미더덕물은 모아서 육수에 넣는다.
4 무는 납작하게 썰고 대파, 청양고추는 어슷하게 썰어 준비한다.
5 미나리는 3cm 길이로 썰고 마늘, 생강은 다진다.
6 1의 육수에 무, 미더덕, 코다리, 청주를 넣은 뒤 센 불에서 한소끔 끓인 후 중불로 낮추어 10분 정도 끓인다.
7 6에 소금과 국간장으로 간을 맞추고 파, 고추를 넣고 마지막에 미나리를 넣는다.

오늘의 식단

강황찰보리밥

코다리찌개

순대볶음

양송이튀김

게살콩나물냉채

배추김치

딸기

오늘의 급식 이야기

생선은 하나인데 이름은 여러 개
명태

633.7 Kcal

명태 라는 이름의 유래는 19세기 이유원의 〈임하필기〉에 따르면, 함경도 명천군에 태 씨 성을 가진 어부가 생선을 잡아 군수에게 올렸더니 생선을 맛본 군수가 맛있다며 생선의 이름을 물었다. 어부가 생선의 이름을 모르겠다고 하자 명천군의 '명'자와 어부의 성인 '태'자를 따서 '명태'라고 이름 지었다고 기록되어 있다. 또 다른 유래는 함경도에서 명태 간의 기름으로 등잔불을 밝혔기 때문에 '밝게 해주는 물고기'라는 의미에서 명태라고 했다는 이야기가 전해진다. 하지만 명태는 '명태'라는 이름 말고도 생선의 상태에 따라 여러 가지 이름으로 불린다.

먼저 얼리지 않은 싱싱한 생물은 생태(生太)라고 하고, 얼린 명태는 동태(凍太), 말린 명태는 건태(乾太) 또는 북쪽에서 잡히는 물고기라는 의미에서 북어(北魚)라고 불린다. 북어와 같이 마른 명태이기는 하나 건조 방법이 달라 황태(黃太)라고 부르는 것도 있다. 한 겨울에 대관령 고지대 산간에 있는 덕장에서 얼었다가 녹았다가 찬바람에 마르기를 수차례 반복한 명태는 육질이 부드럽고 누르스름해 황태라는 이름이 붙었다. 또 내장과 아가미를 빼낸 명태 4~5마리를 한 코에 꿰어 살이 꾸덕꾸덕하게 말린 것은 코다리, 덕장의 날씨가 따뜻해서 물러진 명태는 찐태, 하얗게 마른 것은 백태, 검게 마른 것은 먹태, 딱딱하게 마른 것은 깡태, 손상된 것은 파태, 대가리를 떼고 말린 것은 무두태, 1년 정도 자란 새끼 명태는 노가리 또는 애기태라고 부른다.

명태는 이름도 여러 개지만 그 쓰임도 매우 다양하다. 생선살과 간은 찌개를 끓이고 대가리, 껍데기, 꼬리, 지느러미 등은 육수를 낼 때 사용한다. 또 내장은 창란젓갈, 알은 명란젓갈, 대가리로 귀세미젓갈, 아가미로 아가미젓갈을 담가 먹으며, 눈알은 구워 술안주로 먹는 것이 별미라고 한다. 버릴 것이 하나도 없는 생선이다.

여기서 잠깐! 북어에 얽힌 미신

옛날부터 새로 가게를 개업하거나 이사를 하면 고사를 지내는데 그때 빠지지 않는 것이 바로 말린 명태, 북어다. 고사를 지낸 후 벽에 북어를 묶어 매달아 놓으면 귀신이 들어왔다가 말라비틀어진 북어를 보고 불쌍해서 오히려 복을 주고 간다는 것. 또 잘 때도 눈을 뜨고 있는 것 같아 보이는 물고기의 특성상 밤에도 항상 눈을 크게 뜨고 잡귀나 액운이 들어오는지 잘 감시하라는 것. 또 북어가 썩지 않듯이 변치 말라는 의미도 있다. 북어는 액땜 용도로도 사용되는데, 액을 당할 사람 대신 북어를 바치는 것이다. 묘 자리를 잡은 후에 가묘를 쓸 때 북어를 묻는 것도 이러한 연유에서다.

12 17 Wed

685.4 Kcal

오늘의 식단

제주고구마잡곡밥

갈치호박국

제주돼지불고기

전복조림

고사리전

유채김치

오메기떡

귤

Today's Recipe

갈치호박국
입 안 가득 퍼지는 **제주도의 맛**

재료
갈치살 30g, 늙은 호박 15g, 배추 8g, 다시마 2g, 새우젓 1g, 파 1g, 마늘 1g, 청양고추 0.3g, 홍고추 0.3g, 청주 1g, 후춧가루 0.01g, 소금 0.1g

만드는 법
1. 물에 다시마를 넣고 끓여 육수를 내고 건더기는 건져낸다.
2. 갈치는 비늘을 호박잎으로 문질러 제거하고 깨끗이 손질한다.
3. 늙은 호박은 껍질을 벗기고 씨를 제거한 후 납작하게 썬다.
4. 배추는 깨끗이 씻어 끓는 물에 살짝 데친 후 2cm 길이로 썬다.
5. 1의 육수에 호박을 넣고 끓이다가 배추를 넣고, 그 다음 갈치를 넣은 뒤 센 불에서 한소끔 끓인 후 중불로 낮추어 10분 정도 끓인다.
6. 5에 새우젓과 청주, 소금을 넣어 간을 맞추고 파, 마늘, 고추, 후춧가루를 넣는다.

자연을 담았다, 제주도 음식

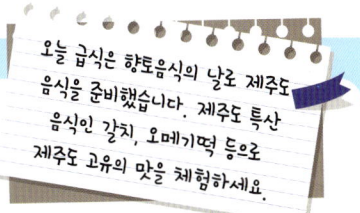

오늘 급식은 향토음식의 날로 제주도 음식을 준비했습니다. 제주도 특산 음식인 갈치, 오메기떡 등으로 제주도 고유의 맛을 체험하세요.

*제주*의 옛 이름인 '탐라'는 '깊고 먼 바다의 섬나라'라는 뜻으로 〈삼국사기〉에 따르면 476년 4월 '탐라(耽羅)'라는 국호를 갖게 되었다고 기록되어 있다. 지금과 같이 '제주'란 명칭을 사용하기 시작한 것은 고려 고종 때로 '바다를 건너가는 고을'이라는 의미다.

제주도 음식은 자연 식재료 고유의 맛을 그대로 살린 것이 특징이다. 따라서 양념을 많이 넣거나 여러 가지 재료를 섞어서 만드는 음식이 별로 없고, 한 상에 많은 종류의 음식을 차리지도 않는다.

제주도 대표 식재료 중 하나인 갈치는 배추를 넣거나 늙은 호박을 큼직하게 썰어 넣고 국으로 끓여 먹었다. 행여 비리지 않을까 우려하는 육지 사람들도 있지만, 시원하면서도 감칠맛 나는 갈치국의 맛을 보고 나면 제주도 여행에서 빠뜨릴 수 없는 별미로 손꼽는다.

또 전복은 진시황이 불로장생을 위해 구했던 식재료 중 하나로, 제주 전복은 그 품질이 뛰어나 임금에게 바치는 진상품 중 하나였다. 제주의 토종 돼지인 흑돼지도 유명하다. 털이 검어 흑돼지라고 불리는 제주의 돼지는 육질이 쫄깃하고 일반 돼지고기보다 고기 맛이 고소한 것이 특징. 오메기란 제주도 사투리로 좁쌀을 의미하는데 제주도에서는 조를 곱게 가루로 갈아 반죽한 후 팥고물을 묻힌 오메기떡을 즐겨 먹었다.

제주도는 2013년 제주도 7대 향토음식을 선정했다. 전문가와 제주 도민 및 관광객을 대상으로 한 조사 결과 자리돔 물회(자리물회), 갈치국, 성게국(구살국), 한치오징어 물회(한치물회), 옥돔구이, 빙떡, 고기국수가 순서대로 7대 향토음식으로 선정되었다. 한편 제주도 사람들이 오래전부터 먹어 온 영양식인 모자반국(몸국)은 8위로 밀려, 대표 7대 향토음식에 뽑히지 못했다.

12 18 Thu

621.9 Kcal

오늘의 식단

귀리밥

달래된장찌개

꼴뚜기땅콩볶음

토란대볶음

갈비김치찜

그린참깨소스샐러드

단감

오늘의 급식 이야기

비상!
구제역과 조류 인플루엔자(AI)

구제역과 조류인플루엔자(AI)가 최근 빈번하게 발생하면서 농가에 피해를 주고 있다.

구제역은 가축의 입과 발굽에 물집이 생기는 전염병인데, 수포가 형성되고 염증이 생기면서 바이러스가 전염되는 것으로 발굽이 둘로 갈라진 소, 돼지, 양, 염소 등의 동물들에게만 나타난다. 가축이 구제역에 걸렸을 경우 치사율이 최대 55%까지 이르기 때문에 국제수역사무국(OIE)에서는 구제역을 가축전염병 가운데 가장 위험한 A급 바이러스성 전염병으로 지정했다.

구제역 바이러스는 감염된 동물의 배설물이나 사료 또는 차량, 사람의 옷·신발 등에 잠복해 있거나 사람의 재채기·호흡 등 공기를 통해서도 전염될 정도로 전파력이 매우 강하다. 주로 동물의 호흡, 침, 배설물, 생식 행위, 접촉을 통해 전파되고, 바람을 통해 수십 km를 이동할 수도 있다.

구제역에 감염된 동물은 고열이 나며 입술, 혀, 잇몸, 콧구멍 등에 물집(수포)이 생기고 다량의 침을 흘리는 증상이 나타난다. 하지만 아직까지는 특별한 치료법이 없어 구제역에 걸린 가축은 가축전염예방법에 따라 모두 도살하거나 매립, 소각하도록 되어 있다.

조류 인플루엔자(AI)는 닭, 칠면조, 오리, 야생 조류 등이 AI 바이러스에 감염되면 나타나는 전염병이다. AI는 예방과 방역이 구제역보다 더 까다로운 질병이다. 소·돼지는 이동 공간을 제한할 수 있지만 야생 철새는 광범위하게 날아다니기 때문이다. 감염 증상은 호흡기 증상과 설사, 급격한 산란율 감소가 나타난다. 또 경우에 따라서는 볏 등 머리 부위에 청색증이 나타나고 안면에 부종이 생기거나 깃털이 한 곳으로 모이는 증상을 보이기도 한다.

한편 사람이 AI 바이러스에 감염되었을 때 인체에 나타나는 증상으로는 기침, 호흡곤란 등의 호흡기 증상과 발열, 오한, 근육통 등 신체 전반에 걸친 증상이 나타난다. 또 설사 등의 위장 관계 증상이나 두통·의식저하 등 중추신경계 관련 증상도 나타날 수 있다.

구제역이나 AI 바이러스가 발생되면 가장 큰 피해를 입는 것은 관련 농가들이다. 처분하는 동물들로 인한 피해도 그렇지만, 소비자들의 인식 때문에 피해 농가가 아닌 곳에서 안전하게 생산되는 고기도 판매가 감소하기 때문. 그러나 구제역 바이러스는 56℃에서 30분, 76℃에서 7초 가열 시 사멸된다. AI 바이러스 또한 75℃ 이상에서 5분 가열 시 사멸하기 때문에 충분히 익혀 먹으면 감염될 가능성은 없다. 다행히 최근에는 안전한 조리 지침이 널리 알려지면서 피해 여파가 줄어들고 있는 실정이다.

Today's Recipe

꼴뚜기땅콩볶음
짭조름한 꼴뚜기와 고소한 땅콩의 맛 궁합

재료
꼴뚜기 6g, 깐 땅콩 3g, 참깨 0.2g, 참기름 0.5g, 식용유 0.2g

조림장 : 물 4g, 물엿 3g, 매실청 0.5g, 청주 0.5g, 참기름 0.5g

만드는 법
1. 꼴뚜기는 티를 고르고 깨끗이 씻어 10분 정도 물에 불린 후 물기를 제거한다.
2. 달군 팬에 식용유를 두르고 꼴뚜기를 살짝 볶는다.
3. 물에 물엿, 매실청, 청주, 참기름을 넣고 끓여 조림장을 만든다.
4. 볶음 솥에 식용유를 두르고 꼴뚜기와 깐 땅콩을 넣고 볶다가 조림장을 넣어 윤기나게 조린 후 참기름으로 향을 내고 참깨를 뿌린다.

12 19 Fri

629.3 Kcal

오늘의 식단

흑미밥

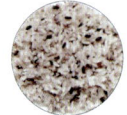
순두부청국장찌개

채식동그랑땡조림

파프리카미역줄기볶음

단호박오븐구이

총각김치

청포도

Today's Recipe

파프리카미역줄기볶음
알록달록 파프리카로 눈과 입이 즐거운 요리!

재료
미역줄기 18g, 양파 3g, 노란 파프리카 3g, 주황 파프리카 3g, 식용유 1g, 마늘 0.5g, 참기름 0.5g, 참깨 0.2g, 매실청 0.5g, 청주 0.5g

만드는 법
1 미역줄기는 찬물에 1시간 이상 담가 짠맛을 뺀 뒤 끓는 물에 청주를 넣고 살짝 데쳐 4cm 길이로 썬다.
2 마늘은 다지고 양파, 파프리카는 채 썬다.
3 달군 팬에 식용유를 두르고 다진 마늘을 볶다가 미역줄기를 볶는다.
4 양파, 파프리카도 각각 볶아 놓는다.
5 볶음 팬에 미역줄기, 양파, 파프리카를 섞고 매실청, 참기름, 참깨를 넣어 살짝 더 볶는다.

> 오늘은 채식 식단의 날입니다. 고기 없이도 든든한 밥상을 준비했습니다. 건강한 채식으로 준비한 급식 먹고 힘내세요!

장수의 비결 마크로비오틱

마크로비오틱(Macrobiotic)은 최근 건강한 식생활을 원하는 사람들이 주목하고 있는 일종의 식이요법이다. 그리스어로 '크다, 길다'라는 마크로(macro)와 '생명'이라는 비오(bio)의 합성어인 마크로비오틱은 '장수를 위한 방법'이라는 의미를 가지고 있는 셈이다.

마크로비오틱 식사법의 가장 기본적인 원칙은 식재료의 뿌리부터 껍질까지 통째로 먹는 것. 식품을 인위적으로 다듬지 않고 있는 그대로 섭취해야 식품이 가진 고유의 에너지를 고스란히 섭취할 수 있다는 원리를 바탕으로 한다.

마크로비오틱은 제철에 나는 식재료를 통째로 먹는 것을 전제로 하고, 동물성보다는 식물성 재료를 사용한다. 이에 따라 곡류는 가능한 깎지 않은 현미, 통밀가루 등 통곡물 형태를 사용하며, 제철 채소와 과일을 활용하는데 이때 엽채류는 줄기나 뿌리까지 잘 활용해서 먹고, 근채류는 깨끗이 씻어 껍질과 잎을 버리지 않고 모두 먹는 것이 중요하다. 또 요리에 조미료를 넣지 않거나 꼭 필요할 때는 화학성분 없이 전통적인 방식으로 만든 조미료를 사용한다.

마크로비오틱이 생선을 비롯해 육류 섭취를 허용하지 않는 것은 아니다. 하지만 식재료를 통째로 먹는다는 기본 원칙상 생선이나 육류를 통째로 섭취하기가 어렵기 때문에 대체로 이들의 섭취를 지양하고 있다. 마크로비오틱은 근본적으로 육류의 섭취를 제한하지는 않기 때문에 사실 엄격하게 구분하자면 마크로비오틱과 채식은 동일한 카테고리에 속하지는 않는다. 하지만 두 가지 모두 우리 건강은 물론 환경을 위해 육류의 섭취보다는 채소 위주의 식사를 권장한다는 점에서는 일맥상통하는 부분이 있다.

12 22 Mon

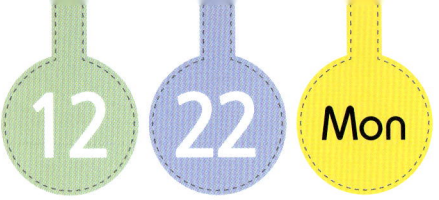

641.2
Kcal

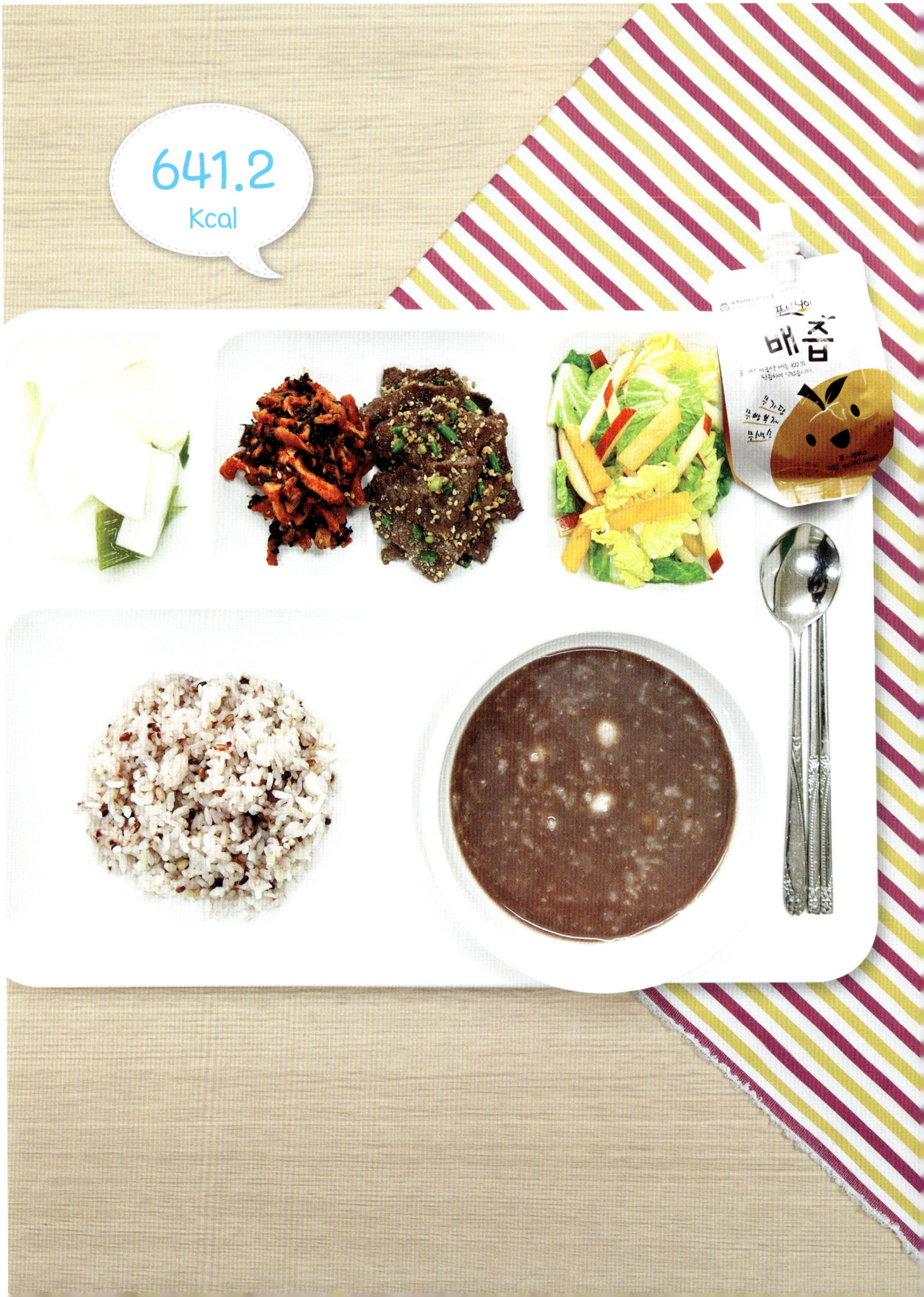

오늘의 식단

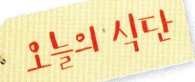

혼합곡밥

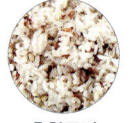

팥죽

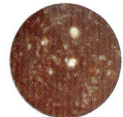

설하멱

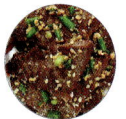

무말랭이진미채김무침

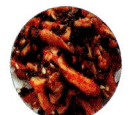

봄동발사믹샐러드

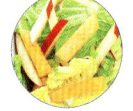

동치미

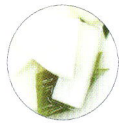

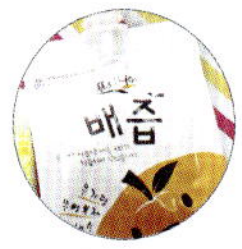
배즙주스

Today's Recipe

재료
팥 18g, 쌀 3g, 찹쌀 3g, 소금 0.2g, 새알심(찹쌀가루 5.4g, 물 1.7g)

만드는 법
1 팥은 깨끗이 씻어 건져 물을 붓고 센 불에서 5분 정도 끓인 후 팥물을 따라버린다.
2 1에 다시 물을 붓고 센 불에서 5분 정도 끓이다가 중간 불로 낮춰 팥이 푹 무르도록 삶는다.
3 2의 팥이 뜨거울 때 주물러 으깨어 내린 후 찌꺼기는 버리고 팥물은 받아둔다.
4 찹쌀가루와 물을 섞어 반죽을 만든 뒤 지름 1.5cm 크기로 새알을 빚는다.
5 팥물이 끓으면 물에 1시간 정도 불린 찹쌀과 쌀을 넣고 중간 불에서 20분 정도 끓인 후 4의 새알을 넣고 끓이다가 새알이 떠오르면 소금으로 간한다.

팥죽
귀신, 꼼짝 마! 액운도 멀리멀리!

동지에 팥죽을 먹는 이유

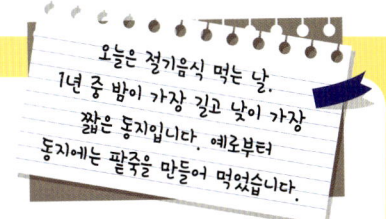

오늘은 절기음식 먹는 날. 1년 중 밤이 가장 길고 낮이 가장 짧은 동지입니다. 예로부터 동지에는 팥죽을 만들어 먹었습니다.

동지는 1년 24절기 중 22번째 절기로 1년 중 밤이 가장 길고 낮이 가장 짧은 날이다. 동지는 한자로 '冬至'라고 쓰는데 이는 겨울의 한 가운데로 접어들었다는 의미다.

동지를 기준으로 다시 낮이 길어지기 시작하기 때문에, 태양이 부활하는 날이라며 새해의 시작을 알리는 절기로서 동지를 '작은 설'이라고 하였다.

동짓날 풍속으로는 동짓날 밤에 아녀자들이 복조리와 복주머니를 만들었는데, 그 복조리를 설날부터 정월 대보름까지 들고 다니며 "복조리 사려"라고 외쳤다. 아녀자들은 복조리를 부엌 부뚜막이나 벽면에 걸어주고 한 해의 복이 가득 들어오기를 기원했다. 이처럼 예전에는 동지를 설이나 추석과 같은 급의 명절로 여겨 차례도 지냈지만, 최근에는 차례는 지내지 않고 간단하게 절식인 팥죽을 나누어 먹는 풍속만이 남아 있다.

동지에 팥죽을 먹는 이유는 가장 긴 밤에 가장 기가 승할 귀신들을 물리치기 위해서였다. 귀신들이 붉은 색을 싫어하기 때문에 붉은 팥으로 끓인 팥죽이 액운을 물리친다고 믿었던 것. 따라서 팥죽을 끓이면 가장 먼저 사당에 팥죽을 올리고, 각 방과 부엌, 창고, 대문, 마당 등 집안 구석구석에 팥죽을 놓아둔 후 가족이 모여 앉아 팥죽을 먹었다. 또 동지 팥죽에는 찹쌀로 만든 새알심을 나이만큼 넣어 먹었는데, 이를 다 먹어야 한 살 더 먹는다는 말이 전해지기도 했다.

하지만 동지라고 해서 항상 팥죽을 먹는 것은 아니다. 동지가 음력 동짓달(11월) 초순에 들면 애동지(兒冬至), 중순에 들면 중동지(中冬至), 하순에 들면 노동지(老冬至)라 하여 중동지와 노동지에는 팥죽을 쑤어 먹으며 액운을 쫓지만, 애동지에 팥죽을 쑤면 아이에게 액이 든다고 해서 이때만큼은 팥죽 대신 팥떡을 해서 먹었다.

12 23 Tue

오늘의 식단

620.6 Kcal

기장밥

콩비지찌개

과메기조림

감자베이컨볶음

달래부추무침

미역/오이/당근

양념초고추장

오늘의 급식 이야기

바람이 만든 생선 과메기

과메기조림
바닷바람이 만들어준 **쫀득쫀득한 식감!**

재료
과메기 30g, 식초 2g, 실파 0.5g, 참깨 0.2g, 생강 0.3g, 후춧가루 0.01g, 콩기름 0.5g
조림장 : 간장 2g, 물엿 1g, 매실청 1g, 마늘 1g, 참기름 0.5g, 청주 1g

만드는 법
1. 과메기는 식초를 넣은 물에 세척해 물기를 뺀다.
2. 1의 과메기에 후춧가루, 생강즙, 콩기름을 넣고 버무린다.
3. 2를 오븐팬에 가지런히 놓은 후 오븐에 넣고 조리(콤비 130℃ 15분)한다.
4. 분량의 재료를 섞어 조림장을 만든다.
5. 3의 과메기에 조림장을 고루 발라 다시 한 번 오븐에 넣고 3과 동일하게 조리한다.
6. 완성된 과메기조림 위에 송송 썬 실파와 참깨를 뿌린다.

과메기는 청어나 꽁치를 얼렸다 녹였다 하길 반복하면서 바닷바람에 말린 겨울철 별미로 주로 포항 구룡포 등 동해안 지역에서 생산된다.

과메기라는 이름은 '관목청어'에서 나온 말인데 나무꼬챙이 같은 것으로 청어의 눈을 꿰어 말렸다는 뜻으로 원래 과메기는 청어로 만들기 시작했다. 하지만 1960년대 이후 청어 생산량이 줄어들면서 청어 대신 꽁치로 과메기를 만들기 시작한 이후 꽁치 과메기가 더욱 대중화되었다. 청어 과메기는 한때 찾아보기 어려웠지만 최근 다시 돌아온 청어 덕분에 조금씩 청어 과메기도 시판되고 있는 실정이다. 청어 과메기와 꽁치 과메기는 각각 특징이 다르기 때문에 둘 사이에서 맛의 우열을 가리기란 쉽지 않다. 청어 과메기가 더 차지고 달착지근한 감칠맛이 난다면, 꽁치 과메기는 고소하고 부드럽고 촉촉하다.

그렇다면 과메기는 언제부터 먹기 시작한 것일까? 과메기를 먹게 된 유래에는 여러 가지 설이 있는데 그중 하나가 재담집 〈소천소지(笑天笑地)〉에 기록되어 전해지는 내용이다. 동해안의 한 선비가 한양으로 과거를 보러 가던 길에 바닷가 나뭇가지에 청어가 눈이 꿰인 채로 얼말라 있는 것을 보고 배가 고파 그것을 먹었는데 맛이 너무 좋았다. 그래서 집에 돌아와서도 겨울마다 청어의 눈을 꿰어 얼마르게 하여 먹었는데 이것이 과메기의 기원이 되었다는 이야기다. 또 뱃사람들이 배 안에서 먹을 반찬이나 할 요량으로 배 지붕 위에 청어를 던져 놓았더니 바닷바람에 얼었다 녹았다 반복하며 저절로 과메기가 되었다는 설도 있다.

한편 왜적의 침입이 잦은 어촌에서 어선을 약탈당했을 때 청어를 지붕 위에 던져 숨겨 놓았던 것이 얼었다 녹았다 반복하면서 발효된 것에서 유래되었다는 이야기도 전해진다.

과메기는 청어나 꽁치가 얼었다 말랐다 반복하는 과정에서 어린이 성장과 피부 미용에 좋은 DHA와 오메가-3 지방산이 원래 상태일 때보다 증가할 뿐만 아니라 핵산 또한 더 많이 생성되어 피부 노화, 체력 저하, 뇌기능 쇠퇴 방지에 도움을 준다. 과메기는 뼈를 발라내고 껍질을 벗긴 후 먹기 좋게 잘라 미역, 마늘, 고추, 초고추장을 곁들여 먹거나 마른 김에 싸서 먹으면 더욱 맛있게 즐길 수 있다.

과메기의 품질은 어떻게 말리느냐에 따라서 정해지는데 최상품 과메기는 덕장에서 청어나 꽁치를 통째로 말린 것으로, 이때 중요한 것은 기온이 영하로 떨어져야 한다. 상품 과메기는 덕장에서 꽁치를 반으로 갈라 내장과 뼈를 제거한 상태에서 해풍으로 건조한 것으로 최근 우리가 먹는 과메기는 대부분 이것이다. 그리고 공장에서 온풍기로 말린 과메기는 제일 낮은 하품이다.

12 24 Wed

Today's Recipe

브로콜리튀김
바삭! **브로콜리**가 더 맛있어지는 **마법!**

재료
브로콜리 20g, 찹쌀가루 2g, 튀김가루 2g, 굵은소금 0.3g, 식용유 1.5g

만드는 법
1. 브로콜리는 송이송이 뜯어 소금물에 데친 후 찬물에 헹궈 물기를 제거한다.
2. 찹쌀가루와 튀김가루를 섞어 브로콜리에 골고루 묻힌다.
3. 2를 170~180℃의 식용유에 넣고 튀긴 후 기름을 뺀다.

671.3 Kcal

오늘의 식단

해물볶음밥

달걀국

닭다리바베큐

브로콜리튀김

양배추데리야키샐러드

배추김치

딸기

오늘의 급식 이야기

사랑스런 **딸기**의 유혹에 빠지다

딸기는 본래 여름이 제철이었지만 1980년대 이후 비닐하우스 농사가 급증하면서 봄철 대표 과일로 떠오르더니, 이제는 겨울 과일의 강자인 귤을 제치고 겨울 과일로 자리매김하고 있다.

17세기 영국의 극작가 윌리엄 버틀러는 딸기에 대해서 "분명히 신은 더 좋은 과일을 만들고자 했을 것이다. 그러나 신은 그 일을 끝내 하지 못했다"라며 딸기를 과일 중 최고로 평가했다.

딸기는 원래 장미과에 속하는 관상용 작물이었다. 과실용으로 본격적 재배를 시작한 것은 17세기 유럽에서 교배종이 탄생하면서부터. 프랑스의 한 기술자가 열매가 큰 칠레와 페루의 딸기나무를 가져와 북아메리카 품종과 교배하여 열매는 크고 과즙은 풍부한 딸기를 개발한 것. 우리나라에는 20세기 초 일본을 통해 건너온 것으로 추정된다.

딸기의 품종은 무려 600종이 넘는다. 우리가 생활 속에서 흔히 접하는 딸기는 1990년대까지 일본에서 들어온 육보, 장희 등이 주를 이뤘지만 지금은 국내에서 개발한 설향, 매향 등이 70% 이상 출하되고 있다.

육보는 달걀 모양으로 열매가 크고 향미가 좋으나 과일 안에 구멍이 생기기 쉽다. 장희는 고추 딸기라고 불리며 단맛이 강하고 끝이 길쭉한 것이 특징이다. 매향은 표면에 광택이 나고 당도와 신맛도 적당해 맛이 좋으며, 열매가 단단해 수출용으로도 많이 재배된다. 설향은 삼각 모양에 선홍빛을 띠며 당도가 높고 우리가 가장 흔히 먹는 품종이다.

식품 중 비타민 C 함량이 단연 으뜸인 딸기는 100g당 99mg을 함유하고 있는데 이는 귤의 1.5배, 사과의 10배에 달한다. 따라서 딸기를 5~6개 먹으면 하루에 필요한 비타민 C를 모두 섭취할 수 있다. 딸기의 비타민 C는 체력 증진과 피로 해소에 효과가 매우 뛰어나다.

딸기를 가장 건강하게 먹는 방법은 우유와 함께 먹는 것이다. 딸기에 우유를 곁들이면 딸기의 풍부한 구연산이 우유의 칼슘 흡수를 돕고, 비타민 C가 철분의 흡수를 도와 영양 흡수율이 높아지기 때문. 이처럼 딸기와 우유의 찰떡궁합을 빌어 영국에서는 행복한 결혼을 표현할 때 '크림 얹은 딸기'라고 하기도 한다. 반면 설탕은 딸기에 들어 있는 비타민을 파괴하기 때문에 딸기에 설탕을 뿌려 먹는 것은 영양적 측면에서 바람직하지 않다.

월요일	화요일	수요일	목요일	금요일
26 조랭이떡국 감자김치찐만두 쇠고기넙적당면잡채 호박전 봄나물무침 백김치 사과 667.2 Kcal / 설날	**27** 쌀밥 쇠고기두부붓국 닭찜 생선전 삼색나물 배추김치 유과 곶감 669.2 Kcal / 차례상	**28** 토마코펜밥 매생이누룽지탕 대구살강정 어묵콜리플라워볶음 김치참깨무침 귤소스샐러드 바나나 639.8 Kcal / 대구	**29** 기장밥 호박김치찌개 오이갑장과 채소굴전 삼색묵무침 봄동겉절이 배 626.5 Kcal / 굴	**30** 짜장면 류산슬 단무지오이무침 깐풍기 나박김치 귤 694.2 Kcal / 중국 요리 이름
2 (생일 밥상) 쌀밥 들깨북어미역국 맥적구이 콩나물당면잡채 봄동달래전 총각김치 체리설기 딸기 682.1 Kcal / 생일 축하 노래	**3** 차수수밥 어묵전골 도루묵조림 궁중떡볶음 물파래배무침 들기름김치볶음 단감 628.9 Kcal / 도루묵	**4** (세계음식의 날) 바게트 크로와상 부이야베스 꼬꼬뱅 에스까르고 비네그레트 슈크르트 청포도 701.5 Kcal / 프랑스 음식	**5** 발아현미밥 알탕 돼지고기야채찜 새송이장조림 감자부각 다시마튀각 참나물겉절이 한라봉 621.7 Kcal / 귤의 진화	**6** 콩나물김치밥 바지락부춧국 달걀연두부찜 우엉강정 냉이참깨소스무침 도라지사과무침 참다래 632.3 Kcal / 도라지
9 차조밥 아귀맑은탕 오징어링조림 봄나물쇠고기무침 고구마강정 배추김치 파인애플 629.3 Kcal / 아귀	**10** (절기음식) 오곡밥 콩나물뭇국 쇠고기장조림 북어채볶음 묵은나물볶음 동치미 약식 호두/땅콩 628.9 Kcal / 정월대보름	**11** (향토음식의 날) 쌀밥 설렁탕 구절판 녹두빈대떡 감동젓무김치 딸기 622.7 Kcal / 서울 음식	**12** 잔치국수 오색송편 육전 골뱅이무침 백김치 현미땅콩강정 천혜향 697.6 Kcal / 책거리	2월 13일 ~ 3월 1일 봄방학

JANUARY·FEBRUARY

새로운 한 해가 시작되는 달.
하지만 한 학년을 잘 마무리하고 새 학년을
준비하는 때이기도 합니다.
건강하게 차린 급식으로 새해에도
모두 파이팅!

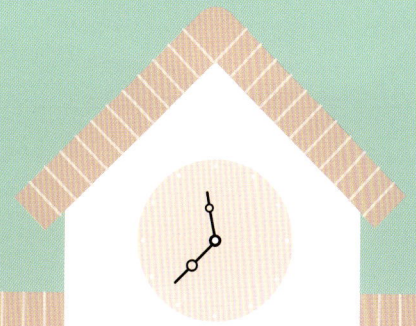

01 26 Mon

667.2 Kcal

오늘의 식단

조랭이떡국

감자김치찐만두

쇠고기넙적당면잡채

호박전

봄나물무침

백김치

사과

오늘의 급식 이야기

설날
새해 복 많이 받으세요!

조랭이떡국
맛있는 떡국 먹고 나이도 한 살 먹고!

재료
사골 40g, 조랭이떡 120g, 소고기 10g, 달걀 6g, 무 10g, 대파 1g, 월계수 잎 0.1g, 청주 1g, 국간장 0.1g, 후춧가루 0.01g, 참기름 0.3g, 참깨 0.1g, 김가루 0.5g, 소금 0.1g

만드는 법
1 사골은 찬물에 하루 정도 담가 핏물을 빼고 끓는 물에 데쳐 찬물로 헹군 후 물을 붓고 월계수 잎, 무, 대파, 청주를 넣고 센 불에서 끓이다가 중불에서 8시간 이상 끓인다.
2 1에 소고기를 넣고 1시간 정도 삶은 후 건져서 결대로 찢어 국간장, 후춧가루, 참기름, 참깨로 양념한다.
3 달걀은 노른자와 흰자를 구분해 황백지단을 부친 뒤 마름모로 썬다. 대파는 어슷 썰고, 김가루는 볶아서 준비한다.
4 육수가 끓으면 조랭이떡을 넣고 소금으로 간을 맞춘 후 대파를 넣는다.
5 그릇에 조랭이떡을 담고 쇠고기, 황백지단, 김가루를 고명으로 얹는다.

설날은 새해의 첫날. 새로운 한 해를 처음 시작하는 달인 정월은 사람과 신, 자연이 모두 하나로 화합하고 한 해 동안 소원하는 일을 계획하고 기원하는 달이다. 설날에는 일찍 일어나 몸을 깨끗이 하고, 새 옷 즉 설빔으로 갈아입은 후 조상님께 차례를 올리고 집안 어른께 세배를 한다. 또 일가 친척들이나 이웃 등을 만나면 "새해 복 많이 받으세요"라며 인사와 덕담을 나눈다.

설날 차례상에 올릴 음식과 세배 온 손님을 대접하기 위해 준비한 음식은 세찬(歲饌)이라고 한다. 세찬에는 떡국, 만두, 세주(歲酒), 식혜, 수정과, 햇김치 등이 있는데 그중에서도 설날을 가장 대표하는 음식이 바로 떡국이다. 예로부터 설날에는 반드시 떡국을 먹는 것으로 여겼기 때문에 떡국을 '첨세병(添歲餠:나이를 더 먹는 떡)'이라고 하기도 했다.

떡국은 가래떡을 동그랗게 썰어 장국에 넣고 끓이는 것으로, 떡국에 들어가는 흰 떡은 멥쌀가루를 시루에 쪄서 안반 위에서 떡을 길게 늘여 뽑는데 이는 재산이 쭉쭉 늘어나라는 축복의 의미를 담고 있으며, 가래떡을 둥글게 써는 이유는 둥근 모양이 마치 옛날 화폐인 엽전의 모양과 같아서 새해에 재화가 풍족하기를 바라는 소망이 담겨 있다. 따라서 새해 첫날 떡국을 함께 먹는 것은 자신의 집안은 물론 세배 손님의 집안에도 재물이 풍성하기를 기원하는 마음이 깃들어 있음을 알 수 있다. 최남선의 〈조선상식문답〉에서는 설날에 떡국을 먹는 것에 대해 "흰색의 음식으로 새해를 시작함으로써 천지 만물의 부활신생을 의미하는 종교적 뜻이 담긴 것이기도 하다. 새해 첫날에 1년을 준비하는 깨끗하고 정결한 마음가짐을 갖고자 하여 흰 떡국을 끓여 먹는데, 떡국은 순수무구한 경건의 의미를 담고 있다"고 기록했다.

한편 개성에서는 조랭이떡을 넣어 만든 조랭이떡국을 즐겨 먹었는데, 여기에는 몇 가지 이야기가 전해진다. 첫 번째 이야기는 나쁜 액을 막기 위해 어린아이의 옷끈에 나무조롱을 달아주었는데, 조랭이 떡이 이 나무조롱을 닮아 새해 첫날 액운을 막기 위해 조랭이떡으로 떡국을 끓여 먹었다는 것이다. 두 번째는 조랭이떡의 모양이 누에고치 모양을 본떠 만든 것으로 누에는 정월의 길(吉)함을 의미하기 때문에 조랭이떡국을 먹었다는 이야기다. 세 번째는 조선이 고려의 정권을 장악하면서 고려 충신들이 연이어 죽음을 당하자 고려의 수도인 개성에 살고 있던 고려인들이 칼을 가는 심정으로 가래떡 끝을 비틀어 잘라 내면서 이성계에 대한 울분을 삼켰다는 이야기가 전해진다.

01 27 Tue

669.2 Kcal

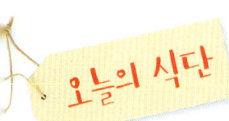
오늘의 식단

쌀밥

쇠고기두붓국

닭찜

생선전

삼색나물

배추김치

유과

곶감

마음을 담아 차린 차례상

닭찜
영양 살리고! 입맛 돋우고!

재료
닭고기 70g, 당근 10g, 양파 10g, 표고버섯 7g, 마늘 0.3g, 생강즙 0.1g, 청주 0.5g, 후춧가루 0.01g, 허브소금 0.05g, 참기름 0.3g, 대파 1g, 식용유 1g, 참깨 약간

조림장 : 간장 5g, 건고추 0.3g, 통마늘 1g, 통생강 0.2g, 대파 0.5g, 물엿 3g, 청주 0.5g, 매실청 0.5g, 월계수 잎 0.02g, 후춧가루 0.01g, 물 10g

만드는 법
1 닭고기는 청주, 후추, 마늘, 허브소금, 생강즙으로 밑간해 30분 정도 재운다.
2 양파, 당근은 1.5×2cm 크기로 깍둑 썰고, 표고버섯은 기둥을 떼어내고 4등분하고, 대파는 2cm 길이로 어슷 썬다.
3 소스 팬에 간장, 건고추, 통마늘, 통생강, 대파, 물엿, 청주, 매실청, 월계수 잎, 물을 넣고 끓이다가 절반으로 줄어들면 건더기를 건져내 조림장을 만든다.
4 볶음 솥에 식용유를 두르고 먼저 마늘을 넣고 볶다가 1의 닭고기를 넣고 볶은 후 조림장을 2/3 정도 넣고 조린다.
5 4의 닭이 어느 정도 익으면 2의 재료와 나머지 조림장을 넣고 더 조린다.
6 5가 완성되면 참기름을 넣고 버무린 후 깨를 뿌린다.

차례는 계절의 특식을 조상에게 올리면서 조상의 덕을 기리고 그 은혜에 보답하려는 의미가 담겨 있는 제사로, 요즘에는 종교나 핵가족화 등의 이유로 설이나 추석 명절에 차례를 지내지 않는 집도 많지만 부모님 세대까지만 해도 차례는 명절에 빠지지 않는 큰 행사였다.

차례상에 올리는 음식은 저마다 각각의 의미를 갖고 있다. 삼색나물은 우리 조상 즉 뿌리를 의미하는 도라지, 줄기 나물로 부모님을 의미하는 고사리, 나 자신을 의미하는 잎나물 즉 시금치다. 이 세 가지 색깔의 나물은 사람 또는 가문을 높은 직위에 오르게 해달라는 염원이 담긴 음식이다.

차례상에 꼭 올리는 과일은 밤, 대추, 감이다. 밤은 씨 밤이 땅에 떨어져 싹을 틔우고 아름드리 나무가 되어도 뿌리 끝의 씨 밤이 썩어 사라지지 않고 그대로 붙어 있는 것이 후손과 조상의 영원한 연결을 상징하기 때문이다. 대추는 꽃이 피면 반드시 열매를 맺고 떨어지기 때문에 반드시 자손을 낳고 가는 것을 의미해 자손의 번창을 기원하는 뜻이 숨어 있다. 감은 씨를 심으면 감이 나지 않고 고욤이 나는데 고욤나무가 3~4년쯤 되었을 때 줄기를 째서 감나무 가지를 넣고 접붙여서 감나무를 만드는 것이 사람도 선인의 가르침을 받아 비로소 사람이 된다는 것에 비유할 수 있기 때문이다.

탕은 육탕(쇠고기), 소탕(두부), 어탕(어패류)으로 3탕을 올리는데 이는 하늘(天), 땅(地), 사람(人)을 의미한다. 가난해서 제사를 모시기 어렵더라도 특히 탕은 꼭 올려야 한다고 여겼다.

한편 차례상에 올려서는 안 되는 음식도 있다. 귀신을 쫓는다는 복숭아와 빨간색 고춧가루가 들어간 음식, 이름에 '치'자가 들어가며 비늘이 없어 하급 생선으로 분류되는 갈치나 꽁치 등도 차례상에 올리면 안 되는 음식이다.

여기서 잠깐! 차례상 차림 관련 사자성어 알아두기

차례상에 음식을 놓는 데도 규칙이 있다. 이 역시 지역이나 가문마다 조금씩 다르나 대부분의 경우 신위를 기준으로 1열은 밥과 국, 2열은 구이와 전, 3열은 탕류, 4열은 포와 나물, 5열은 과일과 한과를 놓는 것이 일반적이다. 놓는 위치는 다음과 같은 사자성어를 기억하면 도움이 될 것이다.

반서갱동(飯西羹東) : 밥은 서쪽, 국은 동쪽
두동미서(頭東尾西) : 생선 머리는 동쪽, 꼬리는 서쪽
어동육서(魚東肉西) : 생선은 동쪽, 고기는 서쪽
좌포우혜(左脯右醯) : 포는 왼쪽, 식혜는 오른쪽
조율이시(棗栗梨柿) : 서쪽부터 대추, 밤, 배, 감
홍동백서(紅東白西) : 붉은 과일은 동쪽, 흰 과일은 서쪽

01 28 Wed

Today's Recipe

대구살강정
보들보들 대구를 맛있게 먹는 법!

재료
대구살 45g, 치킨 파우더 5g, 식용유 3g, 다진 마늘 1g, 생강즙 0.5g, 후춧가루 0.01g, 검은깨 0.2g
강정 소스 : 고추장 3g, 토마토케첩 8g, 간장 0.5g, 청주 0.5g, 매실청 0.5g, 물엿 1g, 참기름 1g, 물 4g

만드는 법
1 대구살은 깨끗이 씻어 45g 크기로 토막 내고 다진 마늘, 생강즙, 후춧가루를 섞은 양념으로 밑간한다.
2 1에 치킨 파우더를 묻힌 후 여분의 가루를 털어내고 170~180℃의 식용유에 넣어 바삭하게 튀겨낸다.
3 냄비에 고추장, 케첩, 간장, 물, 청주, 물엿, 매실청, 참기름을 넣고 중불에서 끓여 강정 소스를 만든다.
4 튀긴 대구살에 강정 소스를 넣어 살살 버무리고 검은깨를 뿌린다.

오늘의 식단

- 토마코펜밥
- 매생이누룽지탕
- 대구살강정
- 어묵콜리플라워볶음
- 김치참깨무침
- 귤소스샐러드
- 바나나

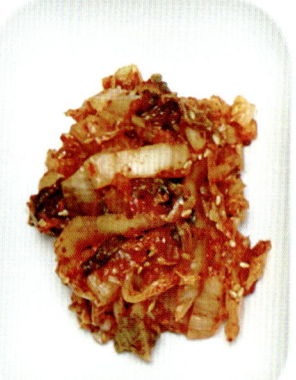

오늘의 급식 이야기

대구 때문에 일어난 '대구전쟁'

639.8 Kcal

대구는 부드러운 살코기부터 눈알까지 버릴 것이 하나도 없는 만능 생선이다. 대표적 흰살 생선인 대구는 살이 부드럽고 지방이 적어 담백하며, 아미노산과 이노신산이 풍부해 국이나 찌개 등 국물 요리를 했을 때 시원한 맛을 내기 때문에 생선의 비린 맛을 좋아하지 않는 사람들도 부담 없이 먹을 수 있는 생선이다. 대구는 우리나라뿐만 아니라 서양에서도 그 인기가 대단하다. 심지어 대구 때문에 전쟁까지 발발하기도 했다.

1958년부터 1976년까지 19년에 걸쳐 아이슬란드와 영국 사이에 분쟁이 일어났는데, 분쟁은 원인은 다름 아닌 대구. 대구와 관련한 어업권을 두고 아이슬란드가 영해 확대 선언을 하면서 분쟁이 시작됐기 때문에 이를 두고 '대구전쟁'이라고 칭한 것이다.

자원이 빈곤했던 아이슬란드는 1901년 영국으로부터 트롤선을 도입한 후 대구를 비롯해 풍부한 수산 자원을 바탕으로 부를 축적해나갔다. 하지만 제2차 세계대전 종료 후 유럽 각국이 대형 트롤선을 이용해 아이슬란드 근해에서 조업하면서 아이슬란드의 수산 자원은 격감했다. 이에 아이슬란드 정부가 1958년 9월 1일, '영해를 4해리에서 12해리로 확대한다'고 선언했고 이에 따라 덴마크, 노르웨이 등의 어선들은 아이슬란드 인근 해역에서 철수했다. 그러나 영국은 이를 따르지 않고, 심지어 어선단 보호를 명분으로 60여 척에 이르는 함대를 보내 양국은 일촉즉발의 상황을 맞게 된 것이다.

영국이 이렇게 적극적으로 대항한 데는 영해 확대에 대한 단순한 반발보다는 대구 조업에 대한 이유가 더 컸다. 영국 사람들이 대구 요리를 유달리 좋아했기 때문. 이렇게 시작한 두 국가의 1차 대구전쟁은 영국이 국제사법재판소 회부를 조건으로 어선단을 철수하며 막을 내렸지만, 그로부터 14년이 지난 1972년 아이슬란드가 또다시 영해를 50해리까지 확대하면서 2차 대구전쟁이 발발했다. 그리고 이어서 1975~1976년에 3차 대구전쟁이 일어났다. 2차, 3차 대구전쟁이 이어지는 동안 유럽 국가들은 대부분 영국을 지지했으나 결과적으로는 아이슬란드의 승리로 끝이 났다. 200해리를 경제적 배타수역(EEZ)으로 인정하는 국제 분위기 속에 소련을 견제하는 전투 비행단을 아이슬란드에서 운용하고 있던 미국이 영국의 양보를 종용했기 때문이다.

01 29 Thu

오늘의 식단

626.5 Kcal

기장밥

호박김치찌개

오이갑장과

채소굴전

삼색묵무침

봄동겉절이

배

오늘의 급식 이야기

세기의 음식 굴을 사랑한 미식가들

굴은 예로부터 스태미너 식으로 사랑받는 음식이었다. 그래서인지 역사 속 많은 인물들의 굴 섭취량이 어마어마하다. 〈고리오 영감〉으로 유명한 작가인 오노레 드 발자크는 굴을 한 번에 144개를 먹었고, 독일의 비스마르크는 무려 175개의 굴을 한 번에 먹었다고 전해진다. 특히 여성 편력가로 유명한 카사노바는 아침에 눈을 뜨자마자 생굴 50개를 먹고 하루를 시작했다고 한다. 루이 14세 역시 매일 굴 파티를 열 정도로 소문난 굴 애호가였는데, 하루는 굴이 제때 도착하지 못하자 궁전의 주방장이 굴을 준비하지 못한 죄책감에 자살을 했다는 이야기가 전해지기도 한다.

사실 서양에서는 보통 어패류를 날 것으로 잘 먹지 않는데, 굴만은 예외였다. 그 이유는 그리스 로마 신화에서 찾을 수 있다. 바로 사랑과 미의 여신인 아프로디테가 굴 껍질에서 탄생했기 때문. 이에 따라 고대 사람들은 굴을 에너지와 생명력의 원천으로 여긴 것이다. 실제로 굴에는 남성 호르몬인 테스토스테론 분비를 촉진하는 아미노산과 아연의 함유량이 높아 천연 정력제로 그 명성이 높다.

한편 굴은 남성뿐만 아니라 미의 여신인 클레오파트라가 즐겨 먹었던 음식으로도 잘 알려져 있다. 굴에는 멜라닌 색소를 분해하는 물질이 들어 있어 미백 효과가 탁월하기 때문에 여성에게도 좋은 음식이다.

이렇게 몸에 좋은 굴이지만 1년 내내 굴을 먹을 수는 없다. 서양에서는 1년 중 'R'자가 들어가지 않은 달인 5월(May), 6월(June), 7월(July), 8월(August)에는 굴을 먹지 않았고, 일본에서는 벚꽃이 지면 굴을 먹지 않았다. 우리나라에서도 보리가 패기 시작하면 굴을 먹지 말라고 하여 주로 5~8월 사이에는 굴을 먹지 않도록 했다. 동서양을 막론하고 이 기간에 굴을 먹지 않는 이유는 이때가 굴의 산란기이기 때문에 영양분이 적고 아린 맛이 심하며, 날씨가 따뜻해 식중독을 일으킬 위험이 크기 때문이다.

채소굴전
보드라운 굴 한 점으로 파워 업!

재료
굴 15g, 달걀 10g, 튀김가루 10g, 청주 1g, 노란 파프리카 3g, 주황 파프리카 3g, 식용유 2g, 소금 · 식초 약간씩

만드는 법
1 굴은 3% 농도의 소금물에 식초를 넣고 2번 정도 헹궈 건져 물기를 뺀다.
2 파프리카는 0.5cm 정도로 잘게 썬다.
3 튀김가루, 달걀, 청주, 파프리카, 굴을 섞어 반죽한다. 재료에서 물이 생기므로 물은 넣지 않는다.
4 달군 팬에 식용유를 두르고 3의 반죽을 30g씩 떠 넣고 노릇하게 지져낸다.

여기서 잠깐! 굴이 패스트푸드?!

햄버거, 치킨, 피자 등은 주문한 후 바로 먹을 수 있어 패스트푸드라고 불린다. 그런데 우리가 알고 있는 이러한 패스트푸드와는 거리가 먼 것 같은 굴이 패스트푸드의 원조라는 주장이 등장해 주목을 끈다. 영국의 일간지 텔레그라프는 패스트푸드의 원조는 중국이며, 후한시대 손수레에서 즉석으로 국수를 삶아 팔던 것이 최초의 패스트푸드라고 전했다. 또 서양에서는 18~19세기 뉴욕 허드슨 강변에 굴을 파는 노점이 많이 늘어서 있었는데 이것이 지금의 핫도그와 같은 패스트푸드의 일종이었다는 것이다.

01 30 Fri

694.2 Kcal

오늘의 식단

짜장면

류산슬

단무지오이무침

깐풍기

나박김치

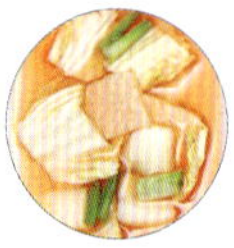

귤

오늘의 급식 이야기

중국 요리
이름이 어렵다고?

중국 요리의 이름은 복잡한 듯 보이지만, 대부분 요리에 들어가는 재료나 조리 방법 등에 의해서 이름 붙여진 것들이 많다.

탕수육 – 糖醋肉(당초육)
탕수육을 한자로 나타내면 설탕을 의미하는 '당'과 식초를 뜻하는 '초'가 합쳐진 당초에 고기를 의미하는 '육'이 더해져 '당초육'이라고 하는데 이는 달콤새콤한 녹말소스를 튀긴 고기 위에 뿌려먹는 탕수육을 그대로 표현한 것이라고 할 수 있다.

류산슬 – 溜三絲(류삼사)
류산슬의 '류'는 물녹말을 넣은 걸쭉한 음식을, '삼'은 세 가지 재료, '사'는 가늘게 채 써는 것을 의미한다. 즉, 류산슬이란 세 가지 재료를 실처럼 채 썰고 녹말소스를 넣은 음식이다.

깐풍기 – 乾烹鷄(건팽계)
깐풍기는 소스에 튀긴 닭고기를 넣어 끓인 요리로 깐풍기의 가운데 글자인 '팽'은 튀긴 재료에 간장과 기름을 넣고 강한 불로 살짝 끓이는 것을 말한다. 그리고 깐풍기의 '기'는 닭을 의미하는 '계'를 중국어 음으로 읽은 것이다.

라조기 – 辣椒鷄(랄초계)
양념한 닭고기를 튀겨 여러 가지 채소를 넣고 맵게 양념해 볶은 요리인 라조기. 라조기에서 '랄초'는 고추를 의미하는데, 맵다는 뜻의 '랄'이 붙어 라조기의 매운맛을 짐작할 수 있다. 평소에 사용하는 표현 중 '신랄한 비판'에 쓰인 '랄'의 의미 역시 매섭다는 뜻이다.

난자완스 – 南煎丸子(남전환자)
난자완스의 '전'은 기름을 두르지 않고 볶아서 익히는 것을 의미하고, 완스는 '환자'를 중국식으로 읽은 것으로 동그랗게 빚은 모양을 말한다. 따라서 난자완스는 고기를 다져 동그랗게 빚은 것을 양념해 여러 가지 채소와 함께 볶은 요리를 표현한 이름이라고 할 수 있다.

오향장육 – 五香醬肉(오향장육)
오향장육은 다섯 가지 향을 내는 오향(회향풀·계피·산초·정향·진피)으로 향을 낸 간장에 돼지고기를 넣고 조려 얇게 썰어 내는 요리다.

팔보채 – 八寶菜(팔보채)
팔보채의 팔보(八寶)는 8가지 진귀한 재료를 의미하는데 해삼과 새우, 오징어, 죽순 등이 팔보에 해당한다. 그리고 이 8가지 재료를 볶아 요리한 것이 바로 팔보채다.

기스면 – 鷄絲麵(계사면)
닭 가슴살을 '사' 즉, 실처럼 찢어서 삶은 국물에 가는 국수와 함께 넣고 끓인 요리라고 해서 기스면이라는 이름이 붙여졌다.

삼선짜장면 – 三鮮炸醬麵(삼선작장면)
짜장면 앞에 붙여진 삼선은 기본 짜장면에 돼지고기, 닭고기, 새우, 전복, 죽순, 표고버섯, 해삼 중 선택한 3가지 재료를 넣어 만들었기 때문에 붙은 이름이다.

Today's Recipe

짜장면
절대불변, 면 요리의 최강자!

재료
중화면 120g, 돼지고기 15g, 오징어 10g, 양파 20g, 호박 15g, 양배추 10g, 당근 5g, 춘장 10g, 마늘 1g, 생강 0.1g, 설탕 0.5g, 청주 1g, 후춧가루 0.01g, 물녹말 0.5g(전분 2g, 물 2.5g), 참기름 0.5g, 식용유 1g

만드는 법
1 돼지고기는 1×1cm 크기로 깍둑썰기 한 후 생강즙, 마늘, 청주, 후추로 밑간한다.
2 오징어, 감자, 호박, 당근, 양파, 양배추는 사방 1.5cm로 깍둑썰기 한다.
3 볶음 팬에 식용유를 두르고 마늘, 생강을 넣고 볶다가 1의 돼지고기, 2의 재료를 넣고 볶는다.
4 다른 볶음 팬에 기름을 두른 후 춘장을 넣고 춘장에 기름이 배어들 때까지 충분히 볶는다.
5 4에 3과 설탕, 청주를 넣고 끓이다가 녹말물을 넣어 농도를 조절한 후 참기름으로 마무리한다.
6 끓는 물에 소금을 넣고 짜장 숙면을 1분 정도 삶아서 찬물에 헹군 후 물기를 빼고 5의 짜장 소스를 곁들인다.

02 / 02 / Mon

오늘의 식단

682.1 Kcal

 쌀밥

 들깨북어미역국

 맥적구이

 콩나물당면잡채

 봄동달래전

 총각김치

 체리설기

 딸기

Today's Recipe

들깨북어미역국
고소한 들깨가 미역국의 풍미를 한층 더!

재료
미역 1.5g, 북어채 0.2g, 들깨 가루 3g, 마늘 0.5g, 참기름 1g, 국간장 2g, 청주 1g, 무 5g, 다시마 2g

만드는 법
1 물에 다시마, 무를 넣고 끓여 육수를 내고 건더기는 건져낸다.
2 북어채는 물에 씻어 물기를 뺀 뒤 2cm 길이로 썰어준다.
3 미역은 물에 불려서 깨끗이 씻은 뒤 2cm 길이로 썬다.
4 팬에 참기름을 두르고 마늘과 북어채를 넣고 볶다가 청주와 불린 미역을 넣어 볶는다.
5 4에 1의 육수를 붓고 센 불에서 한소끔 끓인 후 중불로 낮추어 끓인다.
6 5에 들깨 가루를 넣고 국간장으로 간을 맞춘다.

Happy birthday to you
생일 축하 노래

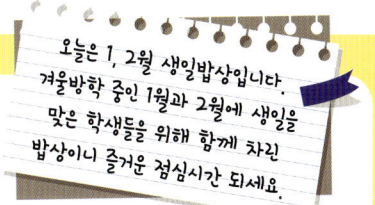

오늘은 1, 2월 생일밥상입니다. 겨울방학 중인 1월과 2월에 생일을 맞은 학생들을 위해 함께 차린 밥상이니 즐거운 점심시간 되세요.

생일 축하 노래는 생일 케이크와 함께 생일날 빠질 수 없는 것 중 하나다. "Happy birthday to you, Happy birthday to you"로 시작하는 이 노래는 국적과 나이를 불문하고 세계인들이 공통적으로 즐겨 부르는 생일 축하 노래다.

지금은 전 세계인들이 가족이나 친구의 생일이면 항상 "Happy birthday to you"라는 노래를 부르지만 사실 이 노래는 생일 축하를 위해 만들어진 노래는 아니었다. 1893년 미국 켄터키 주의 보육원에서 교사였던 패티 힐 자매가 아이들이 쉽게 따라 부를 수 있는 "Good morning to all"이라는 제목의 아침 인사 노래를 만든 것이 생일 축하 노래의 시작이었던 것. 그리고 이후 패티 힐이 이 노래를 생일 축하 노래로 개사해서 부르기 시작하면서 지금과 같은 노래가 완성되었다고 한다.

생일을 축하하는 자리라면 빠짐없이 부르는 노래이니만큼 세계에서 가장 많이 부르는 노래로 기네스에도 올라가 있지만, 사실 "Happy birthday to you" 노래는 누구나 공짜로 사용할 수 있는 것은 아니다. 노래에 저작권이 있기 때문. 이 노래의 저작권은 1935년 한 출판업자가 피아노 편곡 악보를 등록하면서 발생했으며, 1998년 워너/채펠 뮤직이 버치트리 출판사로부터 2500만 달러에 저작권을 샀다. 따라서 이후 영화나 음반에서 이 노래를 사용하기 위해서는 그에 따른 저작권료를 지불해야 한다. 참고로 우리나라 영화 〈7급 공무원〉도 이 노래가 나오는 장면을 위해 1만2000달러(약 1300만 원)을 지불했다. 하지만 몇몇 영화나 음반 제작사는 이에 불복해 이 노래의 저작권을 무효화해야 한다는 소송을 제기하기도 했다.

02 03 Tue

628.9 Kcal

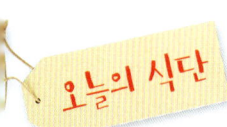

오늘의 식단

차수수밥

어묵전골

도루묵조림

궁중떡볶음

물파래배무침

들기름김치볶음

단감

도루묵의 억울한 사연

도루묵은 등에 모양이 일정하지 않은 황갈색의 나무 무늬가 있어 '목어(木魚)'라고 불렸던 생선으로, 임진왜란 때 선조가 피난을 가던 중 목어를 먹고 이렇게 맛있는 생선은 처음 먹어본다며 생선 배의 은빛이 아름다워 '은어'로 바꾸어 부르도록 했다. 이후 임진왜란이 끝나고 피난 때 먹었던 은어의 맛을 잊지 못한 선조가 수라상에 은어를 올리도록 명했는데 다시 은어를 먹은 선조가 맛에 실망하여 '도로 목어라고 하라'는 어명을 내리는 바람에 지금의 도루묵이라는 이름을 갖게 되었다. 오래 공들인 일이 한 순간에 제자리로 돌아갔을 때 '말짱 도루묵'이라고 표현하는 것도 이런 유래에서 비롯된 말이다.

도루묵에 대한 기록은 조선 후기 서유구의 〈난호어목지〉에서도 찾아볼 수 있다. 이 기록에 따르면 "배가 희게 빛나 운모가루를 붙여 놓은 것처럼 보여 본토박이들이 은어(銀魚)라고 부르며, 9~10월이 되면 그물을 설치해 잡는다"고 되어 있어, 조선 초기부터 도루묵을 즐겨먹었던 것으로 추측된다. 이 외에도 〈세종실록지리지〉와 〈신증동국여지승람〉에 함경도의 토산품으로 기록되어 있는 은어가 바로 지금의 도루묵에 해당한다.

이름에도 반영되었듯 도루묵의 모양은 등에는 나무껍질처럼 황갈색을 띠고 일정한 모양이 없는 흑갈색 물결무늬가 있으며, 옆구리와 배는 은어라는 이름처럼 은백색을 띤다.

도루묵은 산란을 준비하는 10~11월 초부터 살이 오르고 기름져 맛이 일품이다. 특히 산란을 앞두고 알이 가득 찬 암컷이 별미. 입안에서 톡톡 터지는 알은 식감은 물론 영양도 풍부해 도루묵의 맛을 아는 사람이라면 수컷보다는 암컷을 선호한다. 도루묵에는 불포화지방산인 EPA, DHA가 들어 있어 성장기 어린이의 두뇌 발달과 성인병 예방에 효과적이다. 채소의 비타민, 무기질과 함께 섭취하면 영양의 균형을 맞출 수 있다. 또 도루묵은 열량이 낮아 체중 감량에도 효과적이며, 인을 많이 함유하고 있어 뼈에 좋다.

도루묵을 맛있게 즐기는 방법은 첫째, 굵은 소금을 뿌려 석쇠 위에서 굽는 소금구이다. 석쇠에 올려 직화로 구운 도루묵은 살이 차지고 맛이 달아 입안에 넣으면 사르르 녹을 정도로 부드럽다. 두 번째 방법은 찌개나 조림으로 요리를 하는 것. 도루묵과 함께 10~11월에 제 맛이 드는 무 등의 채소를 넣고 조리하면 도루묵 속에 풍부하게 들어 있는 불포화지방산의 흡수를 돕기 때문에 영양 섭취가 더욱 뛰어나다. 도루묵은 차가운 물에 사는 어류로 우리나라에서는 동해에서 주로 잡히는데, 이에 따라 강원도 속초에서는 매년 11월 초에 도루묵과 양미리를 맛볼 수 있는 축제가 열린다.

도루묵조림
촉촉한 도루묵이 입안에서 사르르~

재료
도루묵 50g, 전분 5g, 식용유 3g, 마늘 0.5g, 생강 0.5g, 후춧가루 0.01g, 통깨 약간
양념장 : 고춧가루 1g, 간장 3g, 청주 0.5g, 마늘 0.5g, 대파 1g, 매실청 0.5g, 물엿 1g, 참기름 0.3g, 물 5g

만드는 법
1 도루묵은 지느러미를 제거하고 깨끗이 씻은 다음 마늘, 생강, 후춧가루로 밑간한다.
2 1의 도루묵에 전분을 묻힌 후 가루를 털어내고 175℃~180℃ 식용유에 넣고 바삭하게 튀긴다.
3 분량의 재료를 섞어 끓여 양념장을 만든다.
4 2의 튀긴 도루묵에 3의 양념장을 얹고 통깨를 뿌린다.

오늘의 식단

701.5 Kcal

바게트

크로와상

부이야베스(스프)

꼬꼬뱅(와인닭조림)

에스까르고(달팽이요리)

비네그레트(샐러드)

슈크르트(비트오이피클)

청포도

Today's Recipe

꼬꼬뱅

프랑스 정통 가정식의 맛을 그대로!

재료
닭고기 65g, 양파 10g, 당근 10g, 양송이버섯 6g, 우유 3g, 마늘 1g, 생강 0.3g, 올리브유 1g, 버터 2g, 포도주 3g, 우스터소스 2g, 돈가스 소스 2g, 허브소금 0.1g, 월계수 잎 0.03g, 후춧가루 0.01g, 건파슬리 0.02g

만드는 법
1 닭고기는 깨끗이 씻어 우유에 30분 정도 재운 뒤 체에 밭쳐 물기를 빼고 생강, 마늘, 후춧가루, 허브소금으로 밑간을 한다.
2 코팅 팬에 올리브유를 두르고 1의 닭고기를 올린 후 윗면에 올리브유를 발라 예열(250℃ 15분)한 오븐에서 굽는다(180℃ 10분).
3 양파는 사방 3cm 크기로 썰고, 당근은 반으로 갈라 1.5cm 두께의 반달 모양으로 썬다. 양송이버섯은 반으로 자른다.
4 팬에 버터를 넣고 녹인 후 당근, 양파를 넣고 볶는다.
5 볶음 솥에 2의 닭고기를 넣고 포도주, 우스터소스, 돈가스 소스, 월계수 잎, 후춧가루를 넣고 중불에서 끓이다가 양파, 당근, 양송이버섯을 넣고 뒤적이며 더 조린다.
6 5가 완성되면 위에 파슬리가루를 뿌린다.

고급스러움 물씬 프랑스 음식

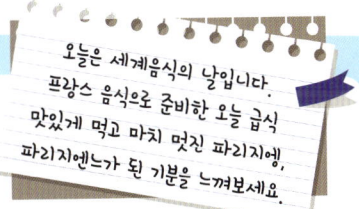

오늘은 세계음식의 날입니다. 프랑스 음식으로 준비한 오늘 급식 맛있게 먹고 마치 멋진 파리지엥, 파리지엔느가 된 기분을 느껴보세요.

프랑스 음식이 지금과 같이 고급 요리가 된 것은 프랑스 앙리 2세가 이탈리아 메디치가의 공주 카트린과 결혼하면서 그녀가 이탈리아 요리사들을 궁중에 데려오면서 시작되었다. 당시까지 프랑스는 포크를 사용하지 않았기 때문에 이탈리아의 예술적인 감각과 에티켓, 요리 등은 프랑스 문화 전반에 큰 영향을 미쳤다. 따라서 이 결혼과 함께 프랑스인의 식탁에도 르네상스가 시작된 것이다. 하지만 이후 와인과 요리를 중심으로 한 프랑스의 호화로운 궁중 파티는 프랑스 혁명으로 이어졌고, 프랑스 혁명으로 귀족이 몰락하면서 귀족 집안이나 궁중에서 일하던 요리사들이 레스토랑을 열고 궁중 요리를 판매하기 시작하면서 프랑스 요리가 전반적으로 고급스러워지지 않았을까 추측한다.

대표적인 프랑스 음식은 포도주에 잠긴 수탉이라는 의미를 가진 '꼬꼬뱅'. 꼬꼬뱅은 냄비에 닭고기와 각종 채소를 썰어 넣은 후 와인을 붓고 장시간 졸여서 포도주 향이 스며들도록 만든 음식으로, 모양은 우리나라의 닭볶음탕이나 안동찜닭과 비슷하다. 프랑스 앙리 4세는 종교개혁 이후 신교와 구교의 갈등으로 프랑스 전역이 종교전쟁으로 들끓던 시기에 "하느님은 내 왕국의 모든 국민들이 일요일이면 닭고기를 먹길 원하신다"며 신교든 구교든 백성들이 일요일마다 닭을 먹을 수 있을 만큼 풍족하게 살게 해주면 어떤 교단의 신이든 상관없다며 종교의 자유를 허용했다. 하지만 비싼 영계를 먹을 수 없었던 농민은 가치가 떨어지는 늙은 수탉을 잡아먹어야 했다. 문제는 너무 질기다는 것이었는데, 와인을 넣고 오랜 시간 끓이자 살이 부드러워져 맛있는 닭 요리가 완성되었고 이것이 바로 지금의 꼬꼬뱅이다.

02 05 Thu

알탕
속까지 개운해지는 **푸짐한 일품요리!**

재료
육수(다시마 2g, 국멸치 2g), 명란 20g, 두부 20g, 무 15g, 양파 3g, 미나리 3g, 풋고추 0.5g, 홍고추 0.5g, 대파 2g, 새우젓 1g, 국간장 1g, 식초 0.5g, 소금 0.5g
양념장 : 마늘 0.8g, 생강 0.2g, 청주 1g, 고춧가루 0.6g, 후춧가루 0.01g

만드는 법
1 명란은 식초와 소금을 넣은 물로 씻어 체에 밭친다.
2 채소는 먹기 좋은 크기로 썬다. 분량의 재료를 섞어 양념장을 만든다.
3 육수에 2의 양념장을 풀고 무, 양파, 명란, 두부, 고추를 순서대로 넣고 새우젓, 국간장으로 간한 후 미나리와 대파를 넣는다.

오늘의 식단

발아현미밥

알탕

돼지고기야채찜

새송이장조림

감자부각

다시마튀각

참나물겉절이

한라봉

오늘의 급식 이야기

새콤하고 달콤한 귤의 진화

621.7 Kcal

귤(橘) - 감귤(柑橘) - 밀감(蜜柑)

귤은 오렌지, 유자 등과 같이 감귤류에 속하는 열매로 우리나라에서 주로 먹는 귤은 '온주밀감'이다. 온주밀감은 중국 절강성의 온주가 원산지인 품종으로 이것이 우리나라에 들어오면서 개량되어 지금의 '제주밀감'이 되었다. 우리나라에 감귤이 있었던 것으로 추정되는 시기는 선사시대이며, 정확히 감귤이 문헌에 등장한 것은 고려시대로 기록에 따르면 제주감귤이 고려 왕가에 공물로 바쳐졌다고 한다.

한라봉

한라봉은 일본에서 전해진 품종이다. 1972년 일본 농림수산성 과수시험장 감귤부는 오렌지 품종인 '청견'과 귤 품종인 '폰칸(뽕깡)'을 교배해 육성한 교잡종을 개발했다. 1990년을 전후해서 이 품종이 우리나라에 들어와 제주도에서 재배되기 시작했는데, 뾰족하게 튀어나온 꼭지 모양이 마치 한라산을 닮았다고 해서 '한라봉'이라는 이름이 붙여졌다.

천혜향

천혜향은 1984년 일본에서 감귤 품종인 청견과 앙콜을 교배하고 여기에 다시 마코트를 교잡해 육성한 품종으로, 지금은 제주도 서귀포 지역에서 재배하고 있다. 하늘이 내린 향기라는 뜻을 가진 천혜향은 일반 감귤에 비해 당도가 훨씬 높고 과즙이 매우 풍부하며, 은은한 향을 느낄 수 있는 것이 특징이다. 속껍질도 얇고 부드러워 식감이 좋은 고급 감귤이다.

하나봉

제주도의 한라봉이 큰 인기를 끌면서 농가소득이 높아지자 전남 고흥군 농업기술센터에서도 한라봉 품종인 '부지화'를 들여와 새롭게 생산하기 시작했다. 그리고 타 지역과 차별화를 위해 브랜드 명을 '하나봉'으로 정하고, 철저한 관리를 통해 전국 최고 품질로 인정받을 수 있도록 노력하고 있다.

여기서 잠깐!
아주 특별한 과거시험 '황감제(黃柑製)'

조선시대에 감귤이 제주에서 올라오면 이를 축하하기 위해 성균관과 사학의 유생들을 모아 시험을 보게 하고 이를 나누어주었는데, 이 시험을 황감제라고 했다.

황감제라는 이름은 임금이 시험을 보는 성균관 유생들에게 제주에서 진상해 온 감귤을 하사하는 데서 붙여진 것으로, 당시에는 귤이 굉장히 귀한 진상품이었기 때문에 그만큼 인재를 높이 평가한다는 뜻이 담겨 있었다. 〈조선왕조실록〉에 의하면 성균관 유생에게 술과 감귤을 내리면서 제술시험을 시행한 최초의 사례는 중종 31년(1536) 1월로, 이후 선조 38년(1605) 12월부터는 입격자의 등수에 따라 차등을 두어 시상했다고 기록하고 있으며, 〈속대전〉에 황감제 규정이 들어가는 등 본격적인 위상을 갖추었다. 이후 황감제는 갑오개혁으로 과거제도가 근대적 고시제도로 바뀌기 이전까지 지속되었다.

02 06 Fri

632.3 Kcal

오늘의 식단

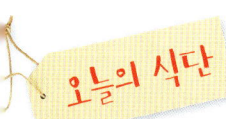
콩나물김치밥

바지락부춧국

달걀연두부찜

우엉강정

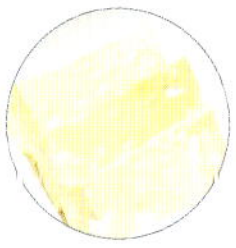

냉이참깨소스무침

도라지사과무침

참다래

오늘의 급식 이야기

도라지 도라지 백도라지~

도라지는 온대 지방의 평지나 낮은 산지의 양지바른 곳에서 자라는데 줄기는 40~100cm 높이까지 자라고, 잎은 긴 타원형으로 끝이 뾰족하다. 8~9월에는 5쪽으로 갈라진 청보라색의 통꽃이 핀다. 이때 흰색 꽃이 피는 것도 있는데 이를 백도라지라고 하고, 꽃이 겹으로 피는 것은 겹도라지라고 한다.

조선 후기부터 민중에 전승되어 오고 있는 전통 민요 중에 "도라지 도라지 백도라지~"로 시작하는 도라지 타령이 있다. 타령이란 민중의 생활상을 풍자하거나 직설적으로 솔직하게 표현하는 경우가 많은데, 도라지 타령의 가사를 보면 커다란 도라지 한두 뿌리만 캐어도 몹시 즐거운 일이었으며 백도라지를 더 선호했다는 사실을 알 수 있다. 민중이 즐겨 부르는 노래에도 등장하듯 도라지는 식용과 약용으로 우리 생활 깊숙이 자리 잡고 있었다.

우리가 요리를 해서 먹는 것은 도라지의 뿌리 부분이다. 여기에는 당질·칼슘·철분 등이 많이 함유되어 있고, 섬유질도 풍부하다. 또 인삼의 주요 성분 가운데 하나인 사포닌이 함유되어 있어 약재로 쓰이기도 한다. 옛말에 '오래 묵은 도라지는 산삼보다 낫다'라는 말이 있을 정도로 수십 년 된 도라지는 불로초로 여길 만큼 귀한 대접을 받는다.

특히 도라지는 호흡기 계통 질환에 좋아 기침이나 천식을 다스리는 데 많이 쓰이며, 봄철 황사나 미세먼지가 심할 때 기관지를 보호하는 데 탁월하다. 또 소아비만으로 인해 콜레스테롤 수치가 높은 청소년에게도 도움이 되며, 풍부한 칼슘으로 골격 형성을 돕고, 피부를 진정시키는 효과도 있어 여드름성 피부 질환을 겪는 성장기 아이가 섭취하면 더욱 좋다.

도라지는 생으로 먹는 것이 가장 좋은 방법. 도라지에 함유된 사포닌이 열에 민감하기 때문이다. 익혀서 조리해야 할 경우에는 센 불에서 끓이기 보다는 은근한 불에 오래 익히는 것이 영양소 파괴를 줄일 수 있다.

Today's Recipe

도라지사과무침
쌉싸름한 도라지와 **달콤한** 사과의 조화

재료
도라지 10g, 사과 15g, 고추장 3g, 고춧가루 0.5g, 마늘 0.3g, 식초 0.3g, 설탕 0.2g, 매실청 0.5g, 참깨 0.2g, 소금 0.3g, 실파 0.5g

만드는 법
1. 도라지, 사과는 0.3×5cm 정도 크기로 가늘게 채 썰어 설탕, 식초, 소금을 넣고 녹인 물에 30분 정도 담가 놓는다.
2. 고추장, 고춧가루, 마늘, 실파, 설탕, 매실청, 식초를 섞어 양념장을 만든다.
3. 1에 2의 양념장을 넣어 골고루 버무린 후 참깨를 뿌린다.

 여기서 잠깐!

도라지꽃의 꽃말은 '영원한 사랑'

도라지꽃의 꽃말은 '영원한 사랑'으로 여기에는 슬픈 이야기가 전해진다.
옛날 도라지라는 이름을 가진 처녀에게 사랑하는 남자가 있었다. 그 남자는 공부를 하기 위해 중국으로 떠났는데 한 해 두 해가 지나도 남자에게서 소식이 없더니 배가 침몰해서 죽었다는 소문이 퍼졌다. 그래도 처녀는 늙어 할머니가 될 때까지 바닷가에 나가 한없이 서쪽을 바라보며 남자를 기다렸다. 그러던 어느 날 등 뒤에서 "도라지야, 도라지야, 오빠가 왔다!"라는 소리가 들려 뒤를 돌아본 순간 그녀는 도라지꽃이 되었다고 한다. 그녀의 간절한 염원과 오랜 기다림을 안타깝게 여긴 산신령이 그녀를 꽃으로 만든 것이다.

02 **09** **Mon**

629.3 Kcal

오늘의 식단

차조밥

아귀맑은탕

오징어링조림

봄나물쇠고기무침

고구마강정

배추김치

파인애플

오늘의 급식 이야기

못생겼다고 놀리지 마세요
아귀

아귀맑은탕
개운한 국물 한 입에 **체력 회복 완료!**

재 료
아귀 40g, 미더덕 10g, 다시마 2g, 무 10g, 미나리 2g, 대파 2g, 마늘 1g, 생강 0.3g, 청양고추 0.3g, 홍고추 0.3g, 후춧가루 0.01g, 청주 1g, 국간장 1g, 소금 0.1g, 식초 0.5g

만드는 법
1. 물에 다시마를 넣고 끓여 육수를 내고 건더기는 건져낸다.
2. 아귀살은 깨끗이 씻은 후 마지막에 식초와 소금을 넣은 물로 한 번 더 헹군다.
3. 미더덕은 끝부분을 꼬치로 찔러 물을 빼고 미더덕물은 따로 받아 육수에 넣는다.
4. 무는 납작하게 썰고 대파, 청양고추, 홍고추는 어슷 썬다.
5. 미나리는 3cm 길이로 썰고, 마늘과 생강은 다진다.
6. 1의 육수에 무, 미더덕, 아귀살, 청주를 넣고 센 불에서 한소끔 끓인 후 중불로 낮추고 10분 정도 더 끓인다.
7. 6에 소금과 국간장으로 간을 하고 파, 고추, 미나리를 순서대로 넣고 마지막에 후춧가루를 넣는다.

아귀는 입이 크고 못생긴 생선으로 옛날에는 낚시로 아귀를 잡아도 재수 없다며 바다에 도로 던져버리기가 일쑤였다. 이때 물에 아귀를 던지면 물에 '텀벙' 소리를 내며 빠진다고 해서 아귀를 '물텀벙'이라고 부르기도 했다. 아귀는 이렇게 못생긴 생김새 때문에 관련된 이야기도 대체로 부정적이다.

먼저 아귀의 이름은 불교에서 사람이 죽으면 가는 여섯 가지 세상 중 생전에 음식 욕심이 많고 인색해 보시를 하지 않은 사람이나 남의 보시를 방해했던 사람이 가게 된다는 아귀도에서 그 이름이 유래된 것으로 추측된다. 아귀도에 떨어지면 끝없는 배고픔과 목마름의 고통을 겪게 된다고.

일상생활 속에서도 아귀와 관련된 말이 많다. 염치없이 먹을 것을 탐하는 사람을 아귀에 빗대기도 하고, 입안에 음식을 가득 넣고 게걸스럽게 먹는 모습을 '아귀아귀 먹는다'고 표현하기도 한다. 또 '아귀다툼'은 여럿이 뒤엉켜 자신의 욕심을 채우고자 악착같이 다투는 것을 의미한다.

아귀의 머리 앞쪽에는 가느다란 안테나 모양의 촉수가 있는데 아귀는 이 촉수를 이용해 주변의 색깔을 감지하고 그에 맞춰 자신의 몸 색깔을 바꾸고 있다가 주변에 다른 고기들이 접근하면 큰 입을 벌려 통째로 삼켜버린다. 아귀는 한 번에 자기 체중의 3분의 1 정도를 먹을 수 있기 때문에 낚시로 잡은 아귀의 뱃속에는 통째로 삼킨 가자미, 까나리, 대구, 오징어 등 다양한 생선이 들어 있는 경우가 많다. 그래서 이에서 따온 속담이 운 좋은 사람을 빗대어 표현하는 '아귀 먹고 가자미 먹고'다. 또 먹기만 많이 먹고 일은 제대로 하지 않는 경우는 '먹기는 아귀같이 먹고, 일은 장승같이 한다', '아귀같이 먹고, 굼벵이같이 일 한다'고 하였다.

이처럼 아귀는 일상 속에서 대체로 부정적으로 표현되지만 그 맛과 영양은 절대 부족하지 않다. 아귀는 대표적 저지방 저칼로리 식품으로 다이어트에 좋을 뿐만 아니라 비타민 A와 비타민 E가 풍부하게 들어 있어 노화 방지, 성장기 어린이의 뼈와 치아 발육에 도움이 된다. 또 아귀는 쓸개와 이빨을 제외한 아가미, 간, 껍질 등을 모두 먹을 수 있는데, 특히 아귀 간은 맛과 영양이 뛰어나 세계 3대 진미로 손꼽히는 푸아그라와 견줄만하다.

02 10 Tue

628.9 Kcal

오늘의 식단
- 오곡밥
- 콩나물뭇국
- 쇠고기장조림
- 북어채볶음
- 묵은나물볶음
- 동치미
- 약식
- 호두/땅콩

Today's Recipe

재료
쌀 25g, 찹쌀 25g, 기장 3g, 차수수 3g, 검정콩 2g, 팥 2g, 매실청 0.1g, 소금 0.2g

만드는 법
1. 쌀, 찹쌀, 기장, 차수수는 씻어서 30분 불려 체에 밭쳐둔다.
2. 검정콩은 물에 넣고 2시간 정도 불린다.
3. 팥은 한소끔 끓여 첫물은 버리고, 중불에서 터지지 않을 만큼 삶는다.
4. 1, 2, 3의 재료를 섞은 후 매실청과 소금을 넣고 밥을 짓는다.
5. 밥이 되면 위아래를 골고루 잘 섞는다.

오곡밥
우주의 기운을 고루 담은 **최고의 건강식!**

둥근 달이 떴습니다, 정월대보름

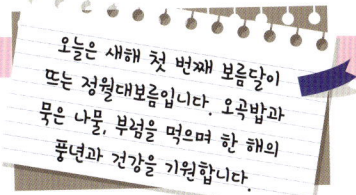

오늘은 새해 첫 번째 보름달이 뜨는 정월대보름입니다. 오곡밥과 묵은 나물, 부럼을 먹으며 한 해의 풍년과 건강을 기원합니다.

정월대보름은 음력 1월 15일로, 옛날부터 1년 중 첫 보름달이 뜨는 이 날을 중요하게 여겼다. 정월대보름 아침에는 일찍 일어나 만나는 상대방 이름을 불러 대답하면 "내 더위 사 가라"고 말하며 한 해의 더위를 팔았다. 또 이날은 오곡밥, 묵은 나물, 부럼 등을 먹으며 그 해의 풍년과 건강을 기원했다.

찹쌀, 콩, 팥, 수수, 차조 등 다섯 가지의 곡식을 섞어 지은 오곡밥은 동양철학사상 중 오행이 담긴 것으로, 오방색인 청·적·황·백·흑의 기운이 담긴 곡물로 음식을 지어 먹음으로써 오장육부의 균형을 바로 잡을 수 있다고 믿었다. 또 모든 곡식의 농사가 잘되기를 바라는 마음도 담겨 있다. 정월대보름에 먹는 오곡밥은 성(姓)이 다른 세 집 이상의 밥을 먹어야 그해의 운이 좋아진다고 해서 여러 집의 오곡밥을 서로 나누어 먹었고, 하루 동안에 아홉 번 밥을 먹어야 좋다고 해 조금씩 여러 차례 나누어 먹기도 했다.

오곡밥과 함께 묵은 나물도 정월대보름에 먹는 대표적인 음식이다. 취, 호박나물, 고사리, 시래기 등 지난해에 수확해 말린 묵은 나물을 삶아서 무쳐 먹는데, 묵은 나물과 오곡밥을 김에 싸서 먹으면 그것이 바로 복쌈이다. 복쌈을 먹는 것은 새해의 복을 듬뿍 싸서 먹음으로써 새해의 복이 끝없이 계속되기를 바라는 마음이 담겨 있다.

이뿐만 아니라 땅콩, 잣, 호두 등 겉이 딱딱한 부럼도 먹는다. 우리 선조들은 부럼을 먹을 때 처음 깨문 것을 밖으로 던지면서 "부럼이요"라고 외쳤는데, 이렇게 하면 그해에는 부스럼이 생기지 않는다고 믿었기 때문이다. 또 바늘에 잣을 꽂아 불을 붙이는 잣불을 켜 그해의 운수를 점치기도 했다.

02 11 Wed

622.7 Kcal

오늘의 식단

쌀밥

설렁탕

+

구절판

녹두빈대떡

감동젓무김치

딸기

Today's Recipe

감동젓무김치
감동젓으로 더 **특별한 김치 맛!**

재료
배추 10g, 무 10g, 오이 5g, 낙지 5g, 파 1g, 미나리 2g, 배 5g, 밤 2g, 잣 1g, 밀가루 3g, 소금 1g, 찹쌀가루 1g
양념장 : 배 5g, 양파 5g, 다진 마늘 1g, 다진 생강 0.3g, 새우젓 1g, 고춧가루 2g, 검정깨 0.02g,

만드는 법
1. 배추는 2.5cm 길이로 썰고, 무와 오이는 2×2×0.5cm 크기로 썰어 소금물에 절인 후 깨끗이 씻고 체에 밭쳐 물기를 뺀다.
2. 배는 2×2×0.3cm 크기로 썰고, 밤은 납작하게 편으로 썬다.
3. 실파와 미나리는 2cm 길이로 썬다.
4. 낙지는 소금을 뿌리고 밀가루로 주물러 씻은 후 2.5cm 길이로 자른다.
5. 분량의 양념장 재료를 믹서에 넣고 간다.
6. 찹쌀가루에 물을 넣어 풀을 쑨 후 고춧가루와 5를 넣고 섞어 양념장을 만든다.
7. 손질한 재료에 6의 양념장을 넣고 살살 버무린 후 항아리에 담아 2~3일 뒤에 먹는다.

> 오늘은 향토음식의 날입니다. 그동안 전국 각 지방의 향토음식에 이어 오늘의 급식은 향토음식의 마지막, 서울 음식입니다.

정갈한 격식을 갖춘 서울 음식

서울 음식은 화려하고 격식이 까다로운 것이 특징인데 이는 서울이 갖는 역사적 의미에서 그 이유를 찾을 수 있다. 조선시대의 수도였던 서울은 전국에서 생산된 특산물이 한자리에 모이는 곳이었으며, 왕족과 양반이 많이 살고 외국 사신의 왕래가 잦았기 때문에 음식에 대한 격식이 까다롭고 맵시를 중요시했다. 서울 음식의 대표 메뉴인 신선로는 민간에 전해진 궁중음식이다. 열구자탕이라고도 불리는데, 구자는 입을 가리키는 말로 입을 즐겁게 해주는 탕이라는 뜻이다.

구절판은 사실 요리를 칭하는 이름이 아니라 아홉 개의 칸이 나뉘어져 있는 그릇을 부르는 이름이었다. 구절판의 원래 이름은 밀쌈으로 〈동국세시기〉에는 궁중이나 반가에서 유월 유두에 밀쌈을 먹었다고 전해진다. 가운데 밀전병을 넣는 부분을 제외한 8개의 칸에 채소, 고기류 등 8가지 음식을 담아서 밀전병에 각각의 재료를 조금씩 넣은 후 말아서 먹는 것이 바로 구절판이다.

설렁탕은 조선시대에 봄 농사가 시작될 때 왕이 선농단에 나와 풍년을 기원하는 제를 올린 후 소를 잡아 큰 가마솥에 넣고 국을 끓여 모인 사람들에게 대접하던 것이 오늘날 설렁탕의 유래다.

빈대떡은 떡이라는 이름과 달리 기름에 지져 먹는 전으로 빈대떡이라고 불리게 된 데는 여러가지 설이 있다. 중국의 밀가루떡인 '알병(餲餅)'의 '알(餲)' 자가 빈대를 가리키는 '갈(蝎)' 자로 잘못 알려져 빈대떡이 되었다는 이야기와, 서울 정동의 옛 이름이 '빈대골'이었는데 이곳에 부침개 장수가 많아서 빈대떡이라는 이름이 붙었다는 설이 전해진다.

02 12 Thu

Today's Recipe

잔치국수
따뜻한 국물에 국수 한 젓가락 호로록~

재료
소면 58g, 호박 15g, 당근 6g, 달걀 8g, 국간장 3g, 소금·식용유 약간씩
육수 : 무 3g, 양파 3g, 대파 1g, 사과 3g, 다시마 2g, 멸치 4g, 청주 1g

만드는 법
1 분량의 재료를 넣고 끓여 육수를 내고 건더기는 건져낸다.
2 호박, 당근은 채 썰어 팬에 넣고 소금을 뿌려 살짝 볶는다. 달걀은 황백지단을 부쳐 채 썬다.
3 소금과 식용유를 넣은 끓는 물에 소면을 넣고 삶은 뒤 찬물에 헹구어 건져 물기를 뺀다.
4 1의 육수에 국간장을 넣어 간을 맞춘다.
5 그릇에 면을 담고 고명을 얹은 후 육수를 붓는다.

오늘의 식단

잔치국수

오색송편

육전

골뱅이무침

백김치

현미땅콩강정

천혜향

오늘의 급식 이야기

오늘은 책씻이 하는 날!
책거리 밥상

697.6 Kcal

*책거리*는 서당에서 책 한 권을 다 떼었을 때 스승과 동학에게 음식을 대접하는 것으로 책씻이 또는 책례라고도 한다. 이때 먹는 책거리 음식은 오색송편, 잔치국수, 박병, 귤단자, 연근정과 등으로 여기에는 각각의 의미가 담겨져 있다.

1. 감사의 마음으로 꽉 채운 오색송편
깨, 팥, 콩 등의 소로 꽉 채운 송편에는 학문도 송편처럼 꽉 채우라는 의미가 담겨 있다. 이때 송편은 흰색 외에 오미자로 붉은색, 치자로 노란색, 쑥으로 푸른색, 송기로 갈색을 들인 오색송편으로 준비해 만물의 조화를 나타냈다. 또 속이 비어 뚫린 송편을 빚기도 했는데 학동의 지혜가 뻥 뚫리라는 염원을 담은 것이다.

2. 학문에 대한 오랜 정진을 바라는 잔치국수
각종 잔치는 물론 책거리에도 빠지지 않는 음식인 잔치국수는 국수 가락처럼 길게 배움을 이어가라는 의미가 담겨 있다.

3. 청렴한 선비 정신을 담은 박병
박병은 절편을 얇게 밀어 만든 새하얀 떡으로 선비들의 애장물인 책과 종이를 꼭 빼닮았다. 또 소망하는 것을 떡살로 찍어내 모양 절편을 만들거나 떡 위에 문양을 살짝 찍은 후 다양한 가루를 발라 표현하면 선비의 염원을 담은 한 폭의 그림과도 같았다.

4. 학문에 대한 염원이 담긴 귤단자
단자는 잘 굳지 않아서 예로부터 선물할 때 많이 쓴 찹쌀떡. 특히 귤단자는 그 모양이 곱고, 오방색의 중심 색인 황색을 띠어 안정과 에너지를 상징했다. 찹쌀가루에 귤 즙을 섞어 찐 후 설탕에 절여둔 귤껍질 채를 넣고 치대서 만든 귤단자는 기운을 북돋아주는 음식이었다.

5. 출세를 꿈꾸며 만든 연근정과와 연근약밥
과거 책거리에는 연밥이 자주 등장하는데 연밥은 합격을 상징한다. 연근은 몸에 좋은 영양분을 듬뿍 함유하고 있기 때문에 책거리 때 먹는 연근정과와 연근약밥이면 보약이 따로 없다.

이처럼 책거리는 단순히 한 권의 책을 모두 배웠다는 것을 축하하는 자리이기 보다는 긴 시간 동안 성실하게 임했던 자신을 되새겨보는 의미 있는 시간이었다. 이는 조선시대 최고의 문인이었던 김득신의 이야기에서도 엿볼 수 있다. 배움이 유독 느렸던 김득신은 책을 수백 번, 수천 번 읽어도 여전히 기억에 남아 있는 것이 없었다. 하지만 낡고 헤진 그의 책을 본 스승은 그 성실함과 노력을 높이 사 책거리 성적표로 '없을 무(無)' 대신 '부지런할 근(勤)'을 건넸다. 이러한 노력으로 김득신은 환갑을 앞둔 59세에 문과에 급제, 조선시대 최고의 문인이자 시인으로 후세에 이름을 남겼다. 그리고 그는 이렇게 말했다.
"재주가 남만 못하다고 스스로 한계를 짓지 말라. 나보다 어리석고 둔한 사람도 없겠지만 결국에는 이룸이 있었다. 모든 것은 힘쓰는 데 달렸을 따름이다."

저자 이애경
펴낸 곳 엣지피앤디
발행인 전상만
편집인 한혜원

발행일 2015년 7월 6일

등록번호 2003년 2월 3일 제 16-2935호
주소 서울특별시 강남구 논현로 118길 20(논현동) 백향빌딩 2층
구입 문의 02-517-1205
편집 문의 02-517-0712
팩스 02-517-2516

기획·진행 뉴트리앤 편집부
디자인 엣지피앤디
사진 Yul Studio
식기 협찬 주식회사 HK
인쇄 프린팅프라자

값 18,000원
ISBN 978-89-956528-1-7 14590

· 이 책은 엣지피앤디가 저작권자와의 계약의 따라 발행한 것이므로
  본사의 허락 없이 어떠한 형태나 수단으로도 이용하지 못합니다.
· 저자와의 협의에 따라 인지는 붙이지 않습니다.
· 잘못 만들어진 책은 바꿔드립니다.

홈페이지 www.nutirand.com
블로그 http://blog.naver.com/nutriand
월간 〈뉴트리앤〉은 엣지피앤디가 발행하는 영양·급식 전문 매거진입니다.